GIGAのつまずきに徹底対応！

1人1台端末活用 パーフェクト Q&A

佐藤 和紀・三井 一希 編著

明治図書

JN048258

はじめに

▌GIGA スクール構想が本格的に始まった ?!

　新型コロナウイルス感染症対策の一貫として，GIGA スクール構想が前倒しになりました。2021年3月までには多くの自治体が端末の整備を完了させ，4月から本格的に GIGA スクール構想が始まりました。のはずでしたが，多くの自治体，学校，先生方が足踏みしている声が届くようになってきました。

　小学校学習指導要領（平成29年告示）総則編解説（文部科学省 2017）には「学習の基盤となる資質・能力としての情報活用能力の育成」が記述されています。また，「各教科等の学習においてコンピュータや情報通信ネットワークを活用していくに当たっては，少なくとも児童が学習活動に支障のない程度に情報手段の操作を身に付けている必要がある」とも書かれています。しかし，これまで端末が十分に導入されていなかった自治体やその学校では，たまにしか使えないパソコン室をわざわざ予約し，たまにしか触らない端末に四苦八苦しながら，手間をかけて取り組むようなことはあまりされてきませんでした。その結果，情報手段の操作に慣れたり，活用したりする活動がされてきませんでした。

　そして，全ての子どもたちに端末がやってきて，いつでも使える状況になりました。しかし，先生はどの場面で使えば良いかがイメージできず，子どもたちは十分に文具や教具として扱えない，だから躊躇するという状態に陥っています。取り組んだことがないクラウドでの活動には，セキュリティへの過度な不安も感じます。いざ使ってみたら，ネットワークの整備が不十分なために，インターネットに繋がらない，繋がったけれどとてもスピードが遅くてやっぱり使えない，という状況もあります。新型コロナウイルス感染症対策もまだまだ続く中で，遠隔オンライン授業を実施に踏み切る地域もあります。家庭での使い方や約束事は何が正解なのかもわからず，家庭への持ち帰りもなかなか進みません。

保護者の皆様もはじめてのことばかりで，戸惑いも多いことでしょう。

　このように「何をはじめの一歩として踏み出せばいいか」に困っている状況が，全国各地で見られるようになってきました。

情報端末が文房具化し，効果を発揮するために

　そもそも道具というのは，慣れるまで練習して，何も考えずに使えるようになったときに，ようやくその効果を発揮します。例えば，ほとんどの大人は自動車を運転する際，特に操作のことは考えず運転できます。もちろん運転免許を取得した頃は，意識して操作をしたかもしれません。余裕がなくて，運転しながら飲み物を飲むようなことすらできませんでした。しかし，徐々に操作のことを考えることはなくなり，安

全のことに集中できるようになっていきます。自動車は安全に運転できないといけません。安全に集中できるようになったときこそ，自動車の効果は最大限に発揮されます。それは，自動車学校で練習を重ね，日常的に運転することを繰り返してきたからです。つまり，運転技能（方法）が気にならないくらいのレベルになることで，ようやく安全配慮（内容）が伴ってくると言えるでしょう。運転が苦手，と思う人は，苦手だと思わないくらい繰り返して慣れる必要があります。

　したがって，学校で端末を活用して，学習で効果や成果を上げたり，学校生活をより豊かな時間にしたりしていくためには，まずは使い始める，そして毎日使い続け，やがて鉛筆のように，何も考えずに使えるようになっていく必要があるでしょう。そのときに，ようやく教科等の資質・能力を育めるようになりますし，見方・考え方が働くようになっていきます。

　私たち教員は，子どもたちに毎日のように鉛筆を正しく持つように指導し，毎日漢字や日記，作文，感想を繰り返し書くことを指導し，その結果，子どもたちはある程度何も考えずに鉛筆を使って文字を書いたり，文章を書いたりできるようになっていきます。鉛筆の使い方も文字

の書き方も「急にできるようにはならないこと」を肌で感じてきました。とはいえ，端末は鉛筆ほど単純な道具ではないことも確かです。様々な機能を一歩一歩教え，慣れていかないといけませんし，日常的に使わないと決して文房具化することはありません。

　GIGAスクール構想以前から端末を日常的に活用し，授業や学校生活で子どもを成長させてきた学校や先生方もいます。

このような学校や先生方はどんな工夫をしてきたのでしょうか。

▌先行して取り組んだ先生は何を見聞きしてきたか

そこで，昨年以前より，1人1台の端末，あるいは1人1台に近い環境で実践を進めてこられた先生，2020年4月の緊急事態宣言に伴う休校期間において遠隔オンライン授業を取り組まれてきた先生に協力をいただき，本書の作成をスタートさせました。

まずはじめに，先生方に学校等で，1人1台の端末について「よく質問されること」「周りの先生が授業で困っていること」「授業以外の場面で困っていること」の3項目についてアンケートを行いました。

「よく質問されること」について，教員からは「そもそも，何をどう使っていけばいいのかわからない」「端末で一体何ができるのか」「これまでの授業からどのように変わっていくのか」「キーボード入力をいつ練習させるのか」等がよく聞かれていることがわかってきました。また，保護者からも「家で，さらに動画サイトや端末ばかりにならないか心配だ」「視力や健康面への配慮はどのようにしていけばいいか」「子どもたちの学習が端末を使うことでどのように変わっていくのか」「学校だけでなく家庭で取り組んでおくことはあるか」という質問が寄せられていることもわかってきました。

また，「周りの先生が授業で困っていること」については，「授業者のICT活用指導力の差があると，活用頻度や活用場面に学級や学年によって差が出ること」「小学校低学年のタイピングはどのように指導したらいいのか」「端末が思ったよりも重く感じることが多く，小学生にとって取り回しがしづらいこと」「学校のネットワークの強さによって，オンライン授業の練習を校内で行うだけでネットワークが不安定になってしまうこと」「活用が進んでいない学校・地区から転入生が来たときの子どもの情報活用能力の差がかなり大きいこと」「端末を活用した授業を行ったときに，これまでの授業観から否定的な意見が寄せられることがあること」「学習の基盤となる情報活用能力が発揮された学びに対して，教師のイメージや感覚の差があること」等，授業に留まらず，困っていることは多岐にわたっていました。

さらに「授業以外の場面で困っていること」については，「カリキュラムマネジメントの必要性を感じるが，管理職の理解とリーダーシップ等，校内の事情によって実現できていないことが多い」「端末についてはICTの部会が全て担うものという職員のイメージが強く，担当者や部会の仕事量が大幅に増えて負担になっている」「端末の文房具化を目指したいが，休み時間の過ごし方についての認識が職員間で違う。端末の自由度と外遊び等の運動量の確保のバランスが難しい」「端末を活用した学びに対する保護者のイメージが，良い場合と良くない場合がある」「1人1台を学校教育で活用する意義・必要性に対する教職員の根本的な理解が十分でない」等，管理職の理解が得られず，マネジメントに苦しい思いをしている先生が多いこともわかってきました。

先生方の具体的な記述を整理・分類していくと，端末の環境，情報モラル，学習規律・ルール，児童・生徒のスキル，健康面，保護者や家庭との連携，授業づくり，教師の意識・教師の活用の８つに分類することができました。これらの項目について，本書では，第１章は小学校の先生方に「小学校の１人１台端末活用Q&A」として，41項目の質問についてご執筆いただきました。また，第２章は中学校の先生方に「中学校の１人１台端末活用Q&A」として，21項目の質問についてご執筆いただきました。

先行して取り組んだ管理職や指導主事は何を見聞きしてきたか

学校をマネジメントする校長先生や教頭先生，教務主任の先生，GIGA スクール構想を担当する指導主事の先生方は何を感じてきたかについても質問しました。

「パスワードなどの管理方法はどうすればいいか」「教室移動時の持ち運び用の鞄はどのようなものがいいか」「教職員にどのように説明して導入に至ったのか」「研修をどのように計画し実施したのか」「持ち帰りでどのような運用をさせているのか」「新１年生への導入の時期はいつか」「持ち帰り時の充電方法はどうしているか」「各学年もしくは低中高学年で到達目標はどうするか」「職員の多忙感を端末でどう解消するか」など，学校運営上のこととして，よく聞かれたり，悩んだりしていることがわかってきました。

こうした管理職や指導主事の視点からは，長年にわたって ICT 活用授業や情報活用能力の育成を学校運営に取り入れて実践されてきた愛知県春日井市立高森台中学校・校長の水谷年孝先生と，愛知県春日井市立出川小学校・教頭の仲渡隆真先生，地方自治体の GIGA スクール構想を推進してきた長野県教育委員会学びの改革支援課・指導主事の松坂真吾先生，早い段階から遠隔オンライン授業や GIGA スクール構想の体制を校内で整えてきた山梨県南アルプス市立落合小学校・教務主任の望月健先生にご執筆いただきました。

先行して取り組んできた学校を観てきた専門家は何を感じ，何を必要だと感じてきたか

本書の巻頭鼎談として，情報教育の第一人者である東北大学大学院・教授の堀田龍也先生と編著者の佐藤和紀と三井一希が，「GIGA スクール構想のはじめの一歩を踏み出すための考え方」ついて議論しております。また，IT 企業で教育機関担当を務め，その後，文部科学省へ入省し，初等中等教育局・プログラミング教育戦略マネージャーとして活動してきた文部科学省初等中等教育局・視学委員の中川哲氏に「GIGA スクール構想をどのような考え方で進めていけばいいか」についてインタビューしました。

GIGA スクール構想を促進するためには，授業や学校マネジメントの視点以外にも，各教科の見方・考え方を働かせていくための工夫や，情報活用能力や思考力，STEAM 教育の視点か

らも考えていく必要があります。そこで，東京学芸大学教育学部・准教授の高橋純先生には「見方・考え方の働かせ方」，鳴門教育大学教職大学院・准教授の泰山裕先生には「情報活用能力・思考ツール」，宮城教育大学教育学部・専任講師の板垣翔大先生には「STEAM 教育・プログラミング教育」についてご執筆いただきました。

　また，端末をもっと使いこなすための工夫について，１人１台の端末の実践経験が豊富な文部科学省初等中等教育局教育課程課・専門職の堀田雄大先生に，ネットワークの整備・運用・トラブルの解決方法について，信州大学教育学部・准教授の森下孟先生にご執筆いただきました。

　さらに，GIGA スクール構想時代の学級経営はどうしていく必要があるか，上越教育大学教職大学院・教授の赤坂真二先生にご執筆いただきました。一見して，１人１台の端末と学級経営は関わりのないような印象があるかもしれません。しかし，学級担任がきちんと端末を運用していくためには，学級をいかにマネジメントできるか，その上で端末をいかに学級経営に生かせるかが大きなカギとなるはずです。

　本書は，GIGA スクール構想に足踏みしている先生の「はじめの一歩」を踏み込むためのヒントがたくさん詰まったものとなりました。お読みいただく皆様の一助となれば幸いです。

　2021年8月

佐藤　和紀

Contents

Chapter 1
小学校の1人1台端末活用 Q&A

Chapter 2
中学校の1人1台端末活用 Q&A

生徒のスキル

授業づくり

教師の意識・教師の活用

Chapter 3
管理職の1人1台端末活用 Q&A

校長

Chapter 4
1人1台端末をもっと使いこなすためのQ&A

GIGA スクール
「最初の一歩」を踏み出すには

信州大学教育学部 助教	東北大学大学院 教授	常葉大学教育学部 講師
佐藤和紀 ✕	**堀田龍也** ✕	**三井一希**

まず GIGA スクールの理念を知ろう

三井 GIGA スクールの整備が完了しました。2021年３月に文部科学省が出した資料によると，97.6％が令和２年度に納品完了見込みとなっており，いよいよ今年度から GIGA スクール環境の本格的な活用が始まります。

堀田 整備が完了したと一言に言っても，学校や自治体によって状況は大きく異なります。学校に端末が届いただけの学校，端末を箱から出して子どもたちに渡せた学校，端末を先生や子どもたちが実際に使い始めた学校，様々なレベルがあります。４月上旬の時点では，まだ箱に入ったままで倉庫に積んであるという話をよく聞きます。

三井 私も気になる話を耳にし

ました。「GIGA スクールの端末は，また学校が休業になったときにオンライン授業で使うモノなのだから，普段は倉庫に保管しておけばいい」と誤解している先生がいるようなのです。確かに新型コロナウイルス感染症の影響で，GIGA スクールの整備は前倒しされましたが，そこだけに注目し，そもそも何のために１人１台の端末が整備されたのか，GIGA スクールの理念を正しく理解できていないのです。

堀田 GIGA スクールは，新型コロナの前か

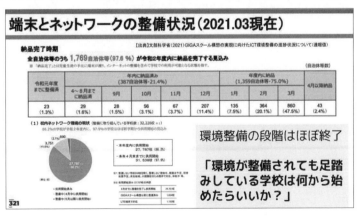

図1　端末とネットワークの整備状況（2021.03現在）

ら動いていたプロジェクトです。休業にな
っても「学びを止めない」のもGIGAス
クールの目的の一つではありますが，本来
の目的は，新しい時代に合った教育を行う
ため，情報活用能力を育成するためです。
それをうたった新学習指導要領を実施する
には1人1台が必要不可欠であり，だから
GIGAスクール構想がスタートしたのです。

　このようなGIGAスクールの理念は文
部科学省も多数の通知や動画を出している
のですが，現場の先生方が意外と見ていな
いのです。だからニュースなどで見聞きし
た断片的な情報で，「1人1台は休業時に
オンライン授業を行うために整備された。
だから普段は使わなくていい」と誤解して
しまっているのでしょう。

三井　これは2021年1月に中央教育審議会が
答申した『「令和の日本型学校教育」の構
築を目指して』からの図です（図2）。急
激に変化し，予測不可能な社会で生きてい
くためには，子どもたちに今までとは異な
る資質・能力を身につける必要があり，そ
のためにICTを活用するのだと述べられ

ています。

堀田　少子高齢化で日本の生産年齢人口は減
り続けます。新型コロナの世界的パンデ
ミックのように，未来に何が起きるのか予測
不可能です。そんな社会で，子どもたちは
生きていきます。様々な価値観をもつ人た
ちと協働し，社会の課題を解決し，持続可
能な社会をつくっていかねばなりません。
そのために，ICTの活用は避けられません。
今や私たちの仕事や生活にICTは欠かせ
ませんし，今後もテクノロジーは発達して
Society5.0と呼ばれる新たな時代が到来
します。だからGIGAスクールで，1人
1台の端末やクラウドを整備したのです。

　先生方は「授業でどう使えばいいのか。
使い方を教えてほしい」と焦りがちですが，
授業で使う前に，子どもたちと一緒に端末
で様々なことをやってみることが大切です。
そのために，GIGAスクールの理念を理解
してください。何のために1人1台が整備
され，どんな力を子どもに育むことが期待
されているのかを知ることが，GIGAスク
ール環境を活用するための第一歩です。

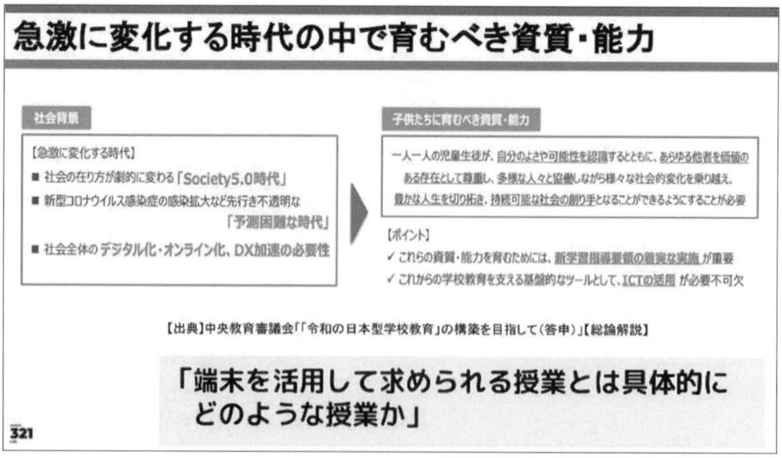

三井　1人1台を授業で
使って結果を出すことば
かりに目が行ってしまう
と，ICTをうまく活用で
きなかったり，授業のね
らいに到達できなかった
ときに，「やっぱりICT
はダメだ。今までのやり
方の方がいい」と考えが
ちです。失敗することも
当然あります。でも，

図2　急激に変化する時代の中で育むべき資質・能力

「今日の授業ではうまくいかなかったけど，子どもたちの将来のためには良い経験になったかな」と，長い目で見ることも忘れないでほしいと思います。

リーダーを育て，校内に広めていく

佐藤 とはいえ講演や研修で GIGA スクールの理念だけを訴えても，先生方はピンと来ないんですよ。「GIGA スクールで授業が変わりますよ」と伝えても，実感がもてないんです。

　だから私が教員研修の講師を務める時は，先生方に理念を説明した上で，実際に，クラウドを体験してもらいます。スライドを共同編集して皆で書き込んだり，Google フォームでアンケートや出欠管理をつくったりするのです。すると，「こんなことできるのか。いいね」という空気が少しずつ醸成されていきます。

三井 学校の中にリーダー役の先生がいれば，そうやって GIGA スクールの理念や実践をうまく伝えて広めていけるのでしょうが，そういうリーダーがいない学校は苦戦しているようです。

堀田 本当は端末が学校に届く前に，教育委員会はそういうリーダーを育て，各学校に配置しておかなければならなかったんです。「うちにはたまたまリーダー役の先生がいたから助かった」というような"運任せ"の体制は，公教育として不適切です。

　先行して GIGA スクールに取り組んでいる教育委員会は，そういったリーダーを意図的に育成して，各学校に配置していま

す。管理職研修をオンラインで行ったり，先生方にクラウドを体験させたり，全ての学校にリーダー役が育つ研修を進めてきたのです。ICT 環境の整備も教育委員会の役割ですが，整備した環境を活用できる人材の育成も，教育委員会の大切な役割です。

三井 学校内での普及を考えるとき，図3のイノベーター理論が参考になるでしょう。学校内には，様々な先生がいます。先進的に取り組む人もいれば，なかなか一歩を踏み出せない人もいます。

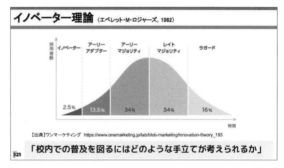

図3　イノベーター理論

堀田 三井先生が提示してくれたこの図を使って話しましょう。イノベーターは2.5%だから40人に1人。かなり大きな学校に，1人いるかどうかです。となれば，イノベーターは学校にいないことを前提に考えた方が良い。いたらラッキーぐらいの存在です。しかしアーリーアダプターまで入れれば，合わせて16%。6人に1人です。これなら学校に数名はいる計算になります。このアーリーアダプターを育てるのが，教育委員会や管理職の役割だと僕は考えています。

　イノベーターは，育てるというより勝手に育っていくと言ったら良いでしょうか。ICT が好きだから個人的にどんどん学んで

育っていく人たちです。それに対してアーリーアダプターは、リーダー教育で育つものです。先んじて GIGA スクールを進めている地域や学校は、端末が来る前にこのアーリーアダプターを育成していました。

　そう考えれば、教育委員会や管理職がアーリーアダプターをどう育てるか。そのアーリーアダプターが、普通の一般的な先生であるアーリーマジョリティとレイトマジョリティにどう伝えていくか。この 2 つの軸があることがわかります。

佐藤　しかしアーリーアダプターが校内で上手に普及できないケースを、よく目にします。リードする立場や役職でなかったり、若過ぎたり、原因は様々です。

　私がお勧めするのは、他のアーリーアダプターと"組む"ことです。たとえば研究主任だったり教務主任だったり、リードする立場の先生と組むことで、校内に広めやすく、伝えやすくなります。

堀田　これは難しい問題で、たとえば実物投影機が整備されるようになってずいぶん経ちますが、実物投影機が常設されている小学校の教室は全体の約半分。実物投影機でさえやっとこのぐらい、アーリーマジョリティまで普及した程度なんです。

　だから 1 人 1 台の活用を普及させるのは、もっともっと大変です。GIGA スクールはかなり過酷なことを先生に要求していると言えるかも知れません。とはいえ、社会の情報化が想像以上のスピードで進展している以上、いつまでも先延ばしにしている訳にはいきません。ある意味、「ショック療法」なんです。整骨院に行って、首をぐっ

と捻られる感じ。最初は「痛い！」ってびっくりしますが、慣れれば楽になります。

三井　佐藤先生はいち早く 1 人 1 台を実践していた先生の一人で、まさにイノベーターだと思いますが、小学校教員時代にはどのように校内に普及させていましたか？

佐藤　初歩的で、簡単で、持続可能な実践を勧めていました。例えば端末のカメラを使って写真を撮ってみましょう、その写真を見せながらスピーチさせたり、話し合わせたりしましょう、といった実践です。簡単なことから勧めないと、先生方はついてきてくれません。

　そして、その実践を毎日行いましょうと呼びかけました。毎日繰り返すことで、先生や子どもに「もっとこうしたら面白いんじゃないか、役に立つんじゃないか」とアイデアが湧いてくるのを待ったのです。

三井　私も小学校教員時代は苦労しました。当時はまだ GIGA スクール構想が形になっていなかったので、授業で日常的に端末を活用しましょうと先生方にお勧めしても、なかなか理解してもらえませんでした。今振り返ると、もう少し何とかすべきだったと思いますが、当時は「わかってくれないなら、仕方ないな」と諦めていました。

堀田　これまでは、「わかってくれない。伝わらない。普及しない」で済んだ時代でした。お二人も、「伝わらない」で許される立場や年齢でした。しかし、これからはそうはいきません。1 人 1 台は、全ての先生に活用してもらわなければなりません。「わかってくれない人は仕方ない」では済まされないのです。この本を出版するねら

いも，全ての先生が１人１台に取り組める
ように，最初の一歩を後押しするためです。

教育委員会はどんな教員研修を
行うべきか

三井　全ての先生に最初の一歩を踏み出して
もらうためには，どうすれば良いのでしょ
うか。まずは教育委員会が実施する教員研
修について話しましょう。

佐藤　私が教員研修の講師を教育委員会から
依頼された際には，「講師の私にクラウド
のアカウントを１つください」「先生方は
１人１台で参加してください」とお願いし
ます。そして，クラウドを体験する研修を
行います。先生方に共同編集などを体験し
てもらい，「これを使ったら，授業でどん
なことができそうですか？」と問いかけま
す。「研修＝話を聞く」というイメージを
もちがちですが，私は「体験」重視です。
クラウドを体験したことがない人にいくら
口で説明しても，伝わらないからです。し
かしこういう教員研修をお願いすると，学
校の外に繋げて良いのかと危惧して，「そ
れはできません」と教育委員会に拒絶され
ることがあるのも現実です。

堀田　僕たちが思っている以上に，現実は厳
しいですね。佐藤先生のような教員研修を
提案すると，「それはできませんので，別
の方に講師をお願いすることにします」と
断ってくる教育委員会もあるようです。
　それでも佐藤先生が「クラウドを体験」
する研修を志向するのは，何よりもまず先
生自身が１人１台やクラウドを体験してみ
ることが最初の一歩であり，それなしに新

しい授業を考えたり実践することはできな
いと確信しているからでしょう。
　だからまず教育委員会は，リーダーがい
ない学校があることを前提に，クラウドを
体験する教員研修を行いましょう。例えば
同期双方向型のオンライン研修で，講師の
話を聞き，そしてクラウドを体験してみる。
Google スライドや Google ドキュメント
などを使って，先生同士でいっしょに書い
たりスライドをつくったりしてみる。そう
いった教員研修が求められています。

管理職はどんな校内研修を
行うべきか

佐藤　体験することから始めるのが大切なの
は，校内の普及でも同じです。授業で使う
前に，先生方にクラウドを体験してもらい
ましょう。まずは校務で使ってみることか
ら始めましょう。たとえば職員会議資料を
クラウドで共有したり，学年で使う教材を
同学年の先生同士で共同編集してつくって
みたりするのです。これを繰り返していく
と，先生方はクラウドに慣れていき，「授
業でも使ってみたい」「授業ならこんな使
い方が出来るかも」と，意欲やアイデアが
わいてきます。先んじて GIGA スクール
の活用に成功している学校は，まずは先生
が校務でクラウドを使って慣れ，その後授
業での活用を始めたケースが多いことを知
ってください。

堀田　僕もそれが良いと思います。いくら言
葉で説明しても，クラウドでできることや
その良さはわかりません。
　「でもクラウドは難しそうで……」と恐

れたり，抵抗を感じる先生もいるでしょう
が，先生方が生活で使ってるスマホと同じ
ようなものなんです。実際に使ってみれば，
それがわかります。怖がらなくて大丈夫で
す。「案ずるより産むが易し」，です。

スキルと経験値をアップさせる

堀田　そうした上で授業で使い始めても，最
初はうまくいかないと思います。だからと
いって，「やっぱりICTはダメだ」とすぐ
諦めないでください。うまくいかないのは
ICTのせいではなく，子どもも先生も，ス
キルや経験が不足しているからなのです。

　今まではパソコン室でたまにしか使わな
かったので，子どもにスキルがない前提の
学習活動が行われていました。しかし
GIGAスクールで日常的に使うようになれ
ば，スキルの習得は必須です。だからスキ
ルの練習を行い，経験値を上げていきまし
ょう。まず最初に行うべきなのが，キーボ
ード入力・日本語入力の練習です。練習を
すれば，ほとんどの子どもは着実に上達し
ます。しかしやる気が出なかったり，なか
なか上達しない子どももいます。そこは今
までの授業と同じように，先生の声かけや
指導をしていきましょう。

　もう一つが，クラウド上で協働する経験
です。協働するためのツールはスプレッド
シートやスライドなど様々なものがありま
すが，何をどう使うのが良いかは，授業の
場面と子どもの経験に合わせてゆっくり考
えていけば良いでしょう。大事なのは，
様々なアプリを子どもに使わせてみて協働

させること。意見交換したり，議論したり，
発表したり，対話させたりすることです。

三井　具体的には，最初はどんな協働がおす
すめでしょうか？

佐藤　まずは子どもたちの名簿をGoogle
スプレッドシートでつくり，自分の名前の
横の欄にいろいろ書き込ませるのがおすす
めです。例えば物語を読んだ感想や，議題
に関する自分の意見，50メートル走のタイ
ムなどを書き込むのです。そしてお互いの
書き込みを見て，話し合わせたり，それに
ついての意見をまた書き込んだりします。

　簡単な活用ですが，応用できる場面はた
くさんあります。すぐ次の活用に進むので
はなく，これを様々な教科で毎日繰り返し
てみましょう。すると，「こんな場面でも
できそうだ」と応用アイデアもわいてきま
すし，「もっとこんなことがしてみたい！」
という意欲が，先生にも子どもにもわいて
きます。その意欲やアイデアを，各教科で
育みたい資質・能力や，主体的・対話的で
深い学びなどの学習方法などと結びつけて
みることで，新たな授業のアイデアが生ま
れ，授業が少しずつ変わっていきます。

個別最適な学びと
協働的な学びに活かす

三井　1人1台を，「個別最適な学び」や
「協働的な学び」を充実させるために活用
することが，今注目を集めています。

堀田　個別最適な学びは，自分で頑張る勉強。
協働的な学びは，他者と対話をしたり，い
っしょに取り組んだりしながら，お互いを
認め合い，高め合っていく勉強です。

自分で頑張る勉強は，ドリルやタイピングの練習もそうですし，勉強に限らず自分の好きなスポーツや趣味について頑張ることもそうです。しかし今までは，子ども一人ひとりの頑張りを，正確に即時的に把握するのが困難でした。

佐藤　自学ノートや，長期休暇や学期初めなどに書かせる「がんばりたいこと・がんばったこと」等で把握する程度で，日常的に正確に把握するのは難しかったですね。でもクラウドを用いれば，簡単に「学習ログ」が取れます。

堀田　「学習ログ」によって，子どもたち一人ひとりの学びが可視化され，応援や支援，指導がしやすくなります。AI ドリルが話題になったのも，一人ひとりの正誤や進捗状況を正確に把握できるからです。

　そして協働的な学びも，クラウドなら行いやすくなります。たとえば今まで協働的な学びは対面でなければ行いづらかったですが，クラウドなら，離れた場所にいる子どもや大人とでも協働できます。協働の履歴も残るので，振り返りやすくなります。

佐藤　1 人 1 台とクラウドを用いることで，個別最適な学びと協働的な学びの両方で，今までかゆいところに手が届かなかった部分や，なかなかうまくいかなかった部分が，やりやすくなります。やりやすいから捗るし，楽しくなる。だからもっと頑張りたくなる。そんな好循環を期待できます。

　このメリットに気づくことができれば，先生はどんどんアイデアが湧いてくるでしょう。私ももし今現場にいたら，やってみたいアイデアが次々とたくさん浮かんでき

て，毎日が楽しいだろうなと思います。三井先生も同じ心境でしょうが，今現場の教員だったとしたら，どんなことを行いたいですか？

三井　個別最適な学びなら，毎時間の学習ログをポートフォリオのように蓄積してみたいですね。今までは詳細なポートフォリオを作成するのはとてもたいへんでしたが，1 人 1 台とクラウドなら簡単につくれます。自分の学習ログを単元の終わりに振り返らせて自分の変容を確認し，「では次の単元ではこうしてみよう」等と今後に生かせるようにしてみたいです。今注目されているキーワードの一つである「自己調整学習」も行いやすくなると期待しています。

堀田　僕が現場の教員だったのは30年も前ですが，自分で計算ドリルのプログラムを組んで，子どもの学習ログを取っていました。パソコンを使って学習する子ども一人ひとりの進捗状況を把握し，指導に生かしていたのです。

　そういったプログラムを組むのはとてもたいへんでしたが，今なら簡単にできます。今までは専門的な技術をもった人しかできなかったこと，やりたかったけどできなかったことが，可能になるのです。

　「子ども一人ひとりの学習状況を，詳細かつ速やかに知りたい。その結果を，適切な指導に生かしたい」というのは，先生なら誰しも望んだけど叶わなかった願いの一つです。そんな願いの数々を，GIGA スクールの環境は実現してくれます。

三井　GIGA スクールが始まったからといって，今までとはまったく異なる新しいこと

に取り組むわけではないんですよね。先生たちが今までやってきたことが，もっと効果的に効率的にできるようになる。やりたかったけどできなかったことを，実現できるようになる。

堀田　「良い授業をしたい」「子どもたちの目を輝かせ，力をつけてあげたい」。これは全ての先生に共通する願いであり，やりがいだと思います。GIGAスクールとは，教員としての夢や願望を叶えてくれるモノだととらえれば，どう使えば良いのか見えてくるはずです。ここまで来れば，あとは先生が自分で授業を工夫し，変えていくようになるでしょう。さっきのイノベーター理論でいうと，レイトマジョリティぐらいまでは，スムーズに普及すると思います。

読者へのメッセージ

三井　最後に，読者に向けてメッセージをお願いします。

佐藤　まずは自分のスマホを使って，教育委員会から配布されたアカウントでログインしてみるのがおすすめです。そうすれば，クラウドで何が出来るかわかります。パソコンで行うよりも，スマホの方が感覚的につかみやすいと思います。

　そうやって，授業を行う前に慣れましょう。毎日使ってみることが大事です。そのきっかけを，教育委員会や管理職の先生が与えてほしいと思います。

堀田　私たち大人が生活や仕事でスマホを使っているような感覚で，子どもが端末を使うのだとイメージすれば，わかりやすいでしょう。私たちがスマホで検索するように，子どもたちもわからない言葉や知らない事が出てきたら，端末で検索します。でも子どもにはわかりづらいサイトがヒットすることもあるでしょう。だから子ども向けにわかりやすい良質な学習コンテンツがあると便利です。その一つが，デジタル教科書なのです。国がこれほど巨額の予算をかけて1人1台を整備したということは，いずれは紙の教科書からデジタル教科書へシフトすることを意味しています。

　これからは，端末を使って試験を受けるCBTが当たり前の時代がやって来ます。全国学力・学習状況調査も，数年内にCBT化されます。CBTを受けるときに，タイピングがおぼつかなかったり，複数のデジタル情報から目当ての情報を探し出したりできなければ，自分の実力も発揮できず，満足できる結果は得られません。だからGIGAスクールの環境を使って，力をつけておくのです。

　その力こそが，情報活用能力です。新学習指導要領では，情報活用能力は「学習の基盤となる資質・能力」と位置づけられました。学校での学習だけでなく，子どもたちが将来仕事をし，生涯に渡って学び続けるためにも，絶対必要な力です。1人1台やクラウドを使って，しっかり情報活用能力を育まなければなりません。

　今後10年ぐらいで，日本の教育は大きく変わります。その第一歩が，GIGAスクールの整備です。遅れることなく，全ての先生が第一歩を踏み出しましょう。

（文：教育フリーライター　長井　寛）

GIGAってどうして やるんですか？

株式会社 EdLog 代表取締役社長
文部科学省初等中等教育局視学委員 **中川　哲**

GIGA スクールで目指すもの，変わることは何か？　編者の佐藤和紀・三井一希がインタビューしました。

▌ 人生100年時代を生きるために

　人生100年時代に突入し，若者から高齢者まで，全ての国民に活躍の場があり，全ての人が元気に活躍し続けられる社会，安心して暮らすことのできる社会をつくることが重要な課題となっています。

　昔と今ではテクノロジーの発展により仕事自体が変化しています。そして，働き方が大きく変わりつつあります。民間企業で働く人は，人生で3回，4回と転職する可能性すらあります。つまり，終身雇用制度が終わりを迎える時代に来ているということです。大企業に入っても安泰が必ずついてくるものではありません。各業界の中で豊かに生きていくためには，楽しみながら自己研鑽することが望ましいです。つまり，学び続けることが必要です。当たり前ですが，学校で習った以上のことをやらなければなりませんし，毎日何か新しいことを勉強する必要があります。常に自分のもっている情報をバージョンアップしていかなければ，社会に置いていかれてしまいます。

　学校の場合も同様に，知らないことや課題に対して，自ら情報をつかみに行き，さらに友達同士で助け合いながら学んでいくことが重要です。これは，小学校で友達の大切さを通じて学ぶことだと思います。その友達の輪も，インターネットが発達したことでより広げることができるようになりました。だからこそ，この時代ではインターネットやクラウドの力を利用していくことが必要であり求められるのです。

▌ 学習指導要領（平成29年告示）の実施と GIGA スクール構想

　これからは，どんどん新しくなる技術に適応しながら，学校の仲間やネットワーク上の仲間とともに学び続けていく姿勢や，新しいことにチャレンジしていくことが求められます。例えば，スマートフォンは小さなアップデートが繰り返されているので，今もし急にスマートフォンを触らなくなったとして，2年後に触ったら結構知らない機能が出ているという事態に遭遇すると思います。こうしたことからも私たちは，学び続けることが大切だとわかります。

　学びを止めない，自らずっと学んでいくというのは，学習指導要領（平成29年告示）でいえば「主体的な学び」のことです。仲間をつくって，仲間で解決していきましょうというのは，「対話的な学び」です。そして「深い学び」というのは，インターネットの中には必ずしも信用できない情報や間違った情報がたくさん含まれているため，そういった情報を表面的にとら

えずに，本当に自分にとって有益な情報なのかと追求していく姿勢のことです。「主体的・対話的で深い学び」はインターネットが発達したからできるようになった学び方であり，インターネットが発達したからそうしないといけなくなったという側面があるのではないかと思います。

┃「Personal Computer」は１人１台が当たり前

これまで，教室では３人に１台程度の端末しか使えませんでした。端末を借りるにも，各クラスのスケジュールを確認することや，端末に自分好みのカスタマイズをしてはいけないこと等といった煩わしさがありました。１人１台の端末を使うようになればその煩わしさも解消され，好きなタイミングに端末を使うことができたり，端末のホーム画面をよく使うアプリケーションの順番に並び替えたりといった個人の自由で使えるようになります。

これまでは，３人に１台程度ということもあり，端末は「教材や教具」というイメージが大きかったように思います。それが，１人１台になると，端末は「教材や教具」でもあり，鉛筆やノートと同じように「文房具」であるととらえることができます。１人１台では，ふと思いついたときにメモをとったり調べたりすることができるのです。「教材や教具」ではなく，自分が使っている「文房具」というイメージがあるからこそ，このような使い方を可能にします。

スマートフォンを１人１台持つようになり，数多くの様々なデータが生まれてきています。そして，集めたデータは私たちの生活をより便利に豊かにしてくれています。同じように，学校に導入する１人１台の端末を使ってデータを集めていくべきです。そもそも，パソコンはPersonal Computer の略ですから個人のものとして使っていくことが前提だと考えるのが良いと思います。世間では１人２台の端末が当たり前になっている状況です。スマートフォンが１人１台程度に普及しているように，学校でも１人１台に対応していかなければなりません。

┃活動の「変化」ではなく「強化」

端末が導入されることにより，今までの授業の流れや方法が大きく変わることをイメージされている先生が多くいると思います。一例を挙げて考えてみましょう。ディスカッションの際に，従来のような挙手を求めて指名する仕組みだと，発表できる子の人数は限られてしまいます。ところが，端末を活用してホワイトボードアプリに意見を書くことができれば，より多くの子の意見を集め共有することができるようになります。端末を活用したこの活動には，たくさんの人の意見を吸い上げたいという目的があります。この目的を踏まえれば，よりたくさんの意見を集め共有することにより活動量は増えますが，意見を集め共有するという活動そのものが変わるわけではありません。

このように，授業で活用する道具がデジタルになることで，様々な場面での活動が強化されることが多くあると考えています。デジタル化が進み，何もかも全てがガラリと変わることは，もしかしたら将来的にはあり得るかもしれません。進化の過程で，今までのものを再定義して，

新しい活動として変化していくことは十分にあり得ます。しかし，今現在に目を向けると，全ての活動が新しいものになることはほとんどないでしょう。それよりも，今の授業の手助けとなり，従来の授業ではできなかったことを少しでもできるように拡張することを可能にすることの方が圧倒的に多いと思います。

　また，OECD による PISA の調査からもわかるように，日本の教育レベルは世界的に見てもレベルが高いことがわかります。つまり，決して今までの授業が良くなかったわけではなく，良質な授業ができているととらえることができます。今までの良い授業に対して，それを端末によって更に強化することで，より良い授業を生み出すことが可能になるでしょう。

端末は情報の入り口

　学校現場に端末が入ってくるからといって，授業の全ての時間で端末を使うわけではありません。意図をもって使わないときがあると思います。しかしこれから先，端末を使う，使わないに関係なく，小学校や中学校で情報に触れないことはありません。大事なのは，目に見える端末に気を取られず，端末は情報の入り口のための道具だと考えることです。端末を使えるようになることを目指すのではなく，端末を使って何ができるようになるかを目指す必要があります。GIGA スクール構想では，学校がインターネットに繋がって，子どもたちが情報に寄り添い，上手に利活用することを目指しています。端末はそのための入り口に過ぎないものです。

　GIGA スクール構想以前は，入り口に過ぎない端末でさえ，地方財政措置を端末の整備に使っていた地方公共団体でなければ学校現場に行き届くことはありませんでした。それが，GIGA スクール構想が打ち出された今では，ほぼ全ての学校現場に端末が届いています。届いた後は，子どもたちの手元に端末があることに満足してしまうのではなく，子どもたちがインターネットとともに学ぶことを大事にしていって欲しいと思います。実は，私たちは，当初 GIGA スクール構想を「GIGA スクールネットワーク構想」と呼んでいました。

　これからの学校教育で，端末が当たり前になるのかと聞かれれば「当然」と答えるようになると思いますが，あくまでも端末はインターネットの入り口としての道具であると認識をして欲しいと思います。何よりも大事なことは，端末によってインターネットと学びの距離が近くなり，インターネットとともに学ぶことです。インターネットに繋がっていないのはありえないということになるでしょう。

バージョンアップ時代を生きるために

　世の中がどんどんバージョンアップしていく，いわゆるバージョンアップ時代を生き抜く子どもたちに必要なのは，好奇心をもって色々なことに取り組むことだと思います。好奇心のもち方は人それぞれであり，例えばすごく好奇心が強くて「はい！」と手を挙げ人前に出たりするような人もいれば，じっくり自分の中で考え，文章を書きブログなどのインターネットに公

開するというような人もいます。今までは後者のような人であれば，それを職業にすることは本当に限られた選択肢しかありませんでしたが，今ではノートに面白い文章を書くことができれば大活躍できる，動画を面白くつくることができれば映像クリエイターで生活できるなど，選択肢がどんどん広がってきているように思います。

その中で大事なことは「アウトプット」になってきます。アウトプットには，このインタビューでの私のように人前で喋るという形もありますが，しっかり物事を考えて文章をつくってアウトプットしたり，映像という形で残したりということもあります。「先生，はい！」というように手を挙げるということも一つですが，子どもたちに期待するアウトプットはそれだけではありません。結局，アウトプットとは「ものをつくる」ということなので，アウトプットしないと「つくったもの」が価値あるものにならなくなり，社会活動に参加したことにはなりません。もちろん，消費自体も社会活動に参加していることにはなりますが，消費するためには資本が必要で，その資本を獲得するためにはアウトプットが必要で，といった循環の形になっています。今の日本は消費側の傾向が強いので，付加価値の高いアウトプットを売って資本を稼ぐことができずデフレになっているとも考えられます。今後は，高付加価値なアウトプットができる人材を育んでいくことが大切になると思います。

▌ 先生もトライ・アンド・エラー

先生にできることは，トライ・アンド・エラーを繰り返すことです。日々バージョンアップが繰り返されるインターネットの世界で，先生がこれから学校で端末を活用していこうというときに，子どもと一緒で最初から100点の使い方ができることはありえません。小さな失敗をたくさん繰り返していくことで，学校の中で端末を活用できるようになっていきます。

GIGA スクール構想では，「学校の中で端末を高速大容量のインターネットにつないでください」となっているものの，「クラスの中だけの閉じたアプリケーションやツールなどを使いましょうね」となっています。GIGA スクール構想では，有料無料に関わらずさまざまなツールを使うことができます。例えば，クラスの子どもたち同士でチャットを行う中で失敗をしてくれれば，先生は子どもたちのチャットの使い方に対する指導ができます。それはリアルの世界においても，クラスの中で子どもたち同士が喧嘩をしたり，発言が相手を少し不快に思わせたりすることと同じで，マネジメントをしてきました。

子どもたちが社会参画できるようになるために，クラウド上でのやりとりに対して完全に公開されたクラウドサービスではなく，外部の者が入ってくることができない学校のクラスの世界というクラウドサービスの中でたくさん失敗して，学び，そして，トライアルして新たなものを生み出すことが大事になります。これらの点を踏まえると，GIGA スクール構想と併せて，プログラミング教育も大事になります。アウトプットのためにトライ・アンド・エラーをたくさんしてください。先生も一緒にトライ・アンド・エラーをすることが非常に大事です。

Chapter 1

小学校の1人1台端末活用Q&A

端末の環境

**端末の準備に時間がかかります。
工夫できることはありますか？**

端末をすぐに取り出せるところにしまっておくようにしましょう。

バッグに入れる場合

端末専用のバッグを用意して，机の横に掛けさせましょう。使いたいときにすぐに取り出すことができます。端末は筆箱やノートと同じように学習の道具です。生活場面や授業場面で頻繁に使うようになります。朝登校したら，保管庫から出して机の横に掛けておくことにすると便利です。すぐ準備できるようになると手軽に使え，使う頻度も増えていきます。使わないときはバッグにしまうことで，机から落としてしまう心配も少なくなります。

このバッグの中に，イヤホンも一緒にしまうことにしておくと，さらに便利です。筆者の勤務校では，義務教育の間使い続けることや，持ち帰りを始めることを考慮に入れて，端末用の保護機能のあるバッグを用意しました。学校の実態によっては，簡易的な手提げ袋でも構わないでしょう。

保管庫に片付ける場合

保管庫には番号シールを貼って，各自のしまう場所をわかりやすく示しておきましょう。下校前に自分で保管庫に片付けさせます。図1のような保管庫で起こりやすいのが，ケーブルの混乱です。近くに出ているケーブルを子どもたちが使っていくと，届く場所にケーブルがない子が出てきたり，ケーブルが絡まったりします。入れる場所だけでなく，充電ケーブルにも番号シールを貼って，誰がどのケーブルを使うのかをはっきりさせましょう。さら

図1　番号シールで保管庫を整理する

に，端末にも同じ番号シールを貼っておくと，気が付いた子が保管庫の中を整理整頓するといったような活動もできるようになります。

(愛知県春日井市立出川小学校　望月覚子)

端末の環境

情報モラル

学習規律・ルール

児童のスキル

健康面

保護者や家庭との連携

授業づくり

教師の意識・教師の活用

端末の環境

 Q 教科書やノートを開いた上で端末を置くには机が狭いです。どうすればいいですか？ 2

 A 机上に置く教具の位置を共通理解しておきましょう。

端末・筆記用具のみ使用する場合

　教科書を使用せず，端末を使って情報を整理したり，自分の考えをまとめたりする活動のときの端末の置き方です。教科書を閉じた状態で机上の左側に置き，端末が机上の中心にくるように置くと良いでしょう。体の前に端末があると正しい姿勢でタイピングすることができます。しっかりと画面との距離をとることができると良いでしょう。筆記用具は端末の後ろに置くことで邪魔にならず，必要なときにすぐに筆記用具を使用することが可能になります。

端末・ノート・筆記用具を使用する場合

　端末に資料提示をし，必要な情報をノートにメモしたり，まとめたりする学習活動のときの端末の置き方です。端末を机上の左側に置き，ノートを右側に置きます。筆記用具は先ほどと同じように端末の後ろに置くと邪魔になりません。利き手に応じて左右を入れ替えると良いです。学習活動の中心がノートのときはこの置き方が良いでしょう。

端末・教科書・資料集・筆記用具を使用する場合

　教科によっては教科書や資料集から情報を収集し，端末を活用してまとめるような学習活動が中心になってきます。そのときの端末の置き方です。教科書と資料集は重ねて置き，必要に応じて上に置くものを入れ替えます。この置き方であれば，タイピングするときも正しい姿勢で取り組むことができ，机上が散らかってしまうこともありません。また，教科書を落としたり，端末を落下させたりしてしまうリスクも減少します。

　机上の置き方を統一することで，教師の指示が減ります。置き方の共通理解を子どもたちと図っておくと良いでしょう。

（愛知県春日井市立出川小学校　福井美有）

端末の環境 / 情報モラル / 学習規律・ルール / 児童のスキル / 健康面 / 保護者や家庭との連携 / 授業づくり / 教師の意識・教師の活用

端末の環境

Q 端末を持ち運んだり，保管したりするための工夫はありますか？

3

A 自分の文房具だと思わせることが大切です。

端末の環境

情報モラル

学習規律・ルール

児童のスキル

健康面

保護者や家庭との連携

授業づくり

教師の意識・教師の活用

端末を持ち運ぶときのルール

持ち運ぶときの持ち方指導，というものを低学年では行っています。低学年の児童はまだ体が小さく，端末を持ち運ぶのが大変です。そのため，両手で端末を持つことをしっかり指導します。低学年のうちに大切に端末を持つ習慣をつけておくと良いでしょう。

高学年になると端末を使用する頻度も上がります。すると，だんだんと歩きながら端末を操作する児童が出てきます。そのようなときは「歩き端末禁止」というようなルールを定めると良いです。その際には，なぜ歩きながら端末を操作することがいけないのか，ということも児童に考えさせ，共通理解を図っておくことが大切になってくるでしょう。

徐々に自分で管理できるように

保管の仕方は，保管庫に入れるようにしています。この保管庫の中は，一つひとつの仕切りの部分と充電するときに使用するコードの部分に番号が振ってあり，名簿番号順に入れるようにしています。このようにすることで，自分の端末がどこにあるのかが一目でわかり，自分のものを探す手間が省けます。しかし，いつも保管庫に入れているわけではありません。基本的な保管場所は机の横にかかっている端末用バッグの中です。すぐに使えるように机の横にかけておくと良いです。高学年であれば，保管庫に入れるタイミングは「帰るときに端末の充電が60パーセント以下であったら充電する」というようなルールを決めておくと良いでしょう。徐々に教師の指示でなく，自分で管理できるように責任をもたせることが大切です。

徐々に自分で管理させていくことで，自分の文房具であるような意識をもたせるようにしましょう。

(愛知県春日井市立出川小学校　福井美有)

端末の環境

Q 児童が端末を壊さないか心配です。
何か良い方法はありますか？　　　　　　4

A 大切に扱おうとする気持ちとリスクを減らす扱い方を指導しましょう。

大切にしようという気持ちをもたせましょう

　端末と出会わせる際に，端末は学習のための道具であること，国の税金で配付されたものであることをしっかり伝えましょう。

　端末は学校に人数分配付されますが，学校に在籍する間は自分専用として使うようなシステムにしましょう。つまり，1年生のときに与えられた端末を6年生までその子が使うという感じです。また，学校で統一した番号のシールで

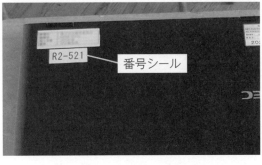
図1　番号シールで自分専用にする

管理すると良いでしょう（図1）。自分専用であると愛着が湧き，大切にしようという気持ちになります。愛着を湧かせるために，待ち受け画面のカスタマイズを許すことも1つの案です。大人がスマートフォンの待ち受け画面をカスタマイズする気持ちと同じです。

リスクを減らす扱い方を教えましょう

　「大切にしよう」という気持ちがあっても，うっかり壊してしまうことがあります。リスクを減らす扱い方を教えていきましょう。

　例えば，端末を机上に置いたとき，机上が散らかっていると誤って机から落としかねません。机上の整頓の仕方を教えましょう。

　机の横に端末専用のバッグを用意させることも有効です。端末を使わないとき，保管庫まで片付けに行くとなると時間がかかり，教師も子どももつい億劫になりがちですが，机の横のバッグであれば，短時間で一時的に片付けることができます。

　また，端末を持って机から移動することもあります。持つときは両手でしっかり持つように指導しましょう。端末を持って教室を移動する際には，バッグに入れて運ぶルールにすると，友達とぶつかったり手を滑らせたりして落とすリスクが減ります。

（愛知県春日井市立出川小学校　望月覚子）

端末の環境

情報モラル

学習規律・ルール

児童のスキル

健康面

保護者や家庭との連携

授業づくり

教師の意識・教師の活用

端末の環境

 ネットワーク回線のつながりが悪く，授業が止まってしまうときはどうすればいいですか？ 5

 どの学習活動に回線を使うかを考え，アナログ版の授業も考えておきましょう。

端末の環境

情報モラル

学習規律・ルール

児童のスキル

健康面

保護者や家庭との連携

授業づくり

教師の意識・教師の活用

授業時間の全てで ICT を使いますか？

　ネットワークを使った授業を実施するときにトラブルが起こるのはよくあることだと思います。大なり小なり，多くの先生が経験してきたことではないでしょうか。特に，研究授業やお客さんが来るときなどに限ってよく起こった経験を私ももっています。当然，ネットワーク回線を自分で調整して使えるようにできれば良いのですが，なかなかその技術を持ち合わせている人はいないと思いますし，トラブルが起きたときすぐに解決できる問題でもないように思います。そのため，もしそのようなトラブルが起きてしまっても良いように，私が事前に準備していた話をしたいと思います。

　まず授業を組み立てるとき，小学校なら45分，中学校であれば50分の授業時間でどれくらいの時間，どのように端末やネットワーク回線を使うかを考えます。実際，調べ学習のような授業を除くと，授業時間の全ての時間でネットワーク回線や端末を使うことはほぼないと言えるのではないでしょうか。またネットワーク回線を使った授業を展開する場合，その使用方法はクラウドシステムを活用した共同編集や子ども一人ひとりの意見の全体共有，事前に調べたことをもとに議論し合う反転学習等にまとめられるのではないでしょうか。

　ここまで考えた後は，ネットワークを使えないときの代替方法を考えます。例えば，共同編集だと枠組み等をすでに印刷した大きな白い紙と人数分のペンを用意してみんなで紙に書き込んでいくことが考えられます。自分の考えた意見を全体で共有するときには，ミニホワイトボード等に書き込み，黒板に貼って共有することが考えられます。ミニホワイトボードがない場合，普通の白い紙の裏側に１センチメートル方眼紙をコピーし，それをラミネートにかけマグネットを貼るだけでも十分活用できます。私自身，汚れが目立ちはじめる３年くらいに一度の頻度でつくりかえています。ホワイトボードマーカーも百円ショップで購入できますし，消しゴム代わりのメラミンスポンジ等も購入できますので安価でそろえることが可能です。当然，安定したネットワーク上で効率的に授業を実践できれば良いですが，もしもの時に代替準備がない場合は授業自体が止まってしまい，子どもの学びを止めてしまいます。

（山梨県総合教育センター　古屋達朗）

家庭にネットワーク環境がない家はどうすればいいですか？ 6

 各自治体で用意したモバイルルーターを貸し出ししましょう。

家庭でも切れ目なく学べる学習環境の整備

　文部科学省が推進するGIGAスクール構想では，児童が家庭でもインターネットに接続して学習することが想定されています。「コンピュータを使って自主学習に取り組む」「クラウドに接続し，学校での学習の続きを家庭で取り組む」，そういった状況がはじまっています。一方，依然として家庭にネットワーク環境がないという児童もいます。そのような家庭には，各市町村で国の補助金等により整備されたモバイルルーターの貸し出しを行います。貸し出しに向けて，一般的な手順を次に示します。

①家庭のネットワーク環境調査の実施

②調査結果をもとに，各校のモバイルルーター貸し出し希望台数の集約

③貸し出しが必要な家庭への説明文書と同意書の配付・回収

④モバイルルーターの貸し出しと端末の持ち帰り

　なお，貸し出しの条件や通信料の負担については，各自治体で違いがありますので事前によく確認しておく必要があります。また，近年通信料金が安価になってきています。そういった事情を保護者にも周知し，加入を促すことも1つの方法として有効だと考えています。

端末の持ち帰りに向けて考えておきたいこと

　地域や学校の実態により，クラウドを前提とした家庭学習のあり方も異なります。各家庭の端末を使って学校用アカウントにログインする場合もあれば，学校の端末を持ち帰って家庭のネットワークに接続して活用する場合もあります。特に後者の場合は，公的な端末を家庭に持ち帰るため，事前に準備をして児童と保護者に伝えておくことが必要です。以下に，主に考えておきたいこととその対応例を整理しました。

考えておきたいこと	対応例
充電の方法	・充電器を持ち帰るか，学校用と家庭用2つの充電器を用意する
持ち帰りの方法	・専用の手提げ袋の用意　・登下校時にはログアウトをする
家庭での約束	・児童本人のみ利用可　・学習や生活を良くするために利用

（愛知県春日井市立松原小学校　石原浩一）

情報モラル

Q 情報モラルを指導した経験がありません。何から始めればいいですか？

7

A 児童生徒が端末を使っているなかで出てきた問題を，みんなで話し合いましょう。

端末の環境

情報モラル

学習規律・ルール

児童のスキル

健康面

保護者や家庭との連携

授業づくり

教師の意識・教師の活用

■ 児童生徒が考える「学校生活をより良くするため」の使い方

「端末を使う前に，まずは情報モラルの授業をしよう」と思いがちです。しかし，児童生徒は端末を使った経験が少ないため，情報モラルの授業をしても「机上の空論」です。そのため，まず大切なのは，経験です。

筆者の学級では，まず自由に使うところから始めました。右の写

真は Google Chat です。児童が自由に使った結果，「学習に関係のないチャットをする」「長時間チャットをする」「変な言葉でチャットする」などの課題が出ました。そのため，その課題について学級全体で話し合いました。話し合いの核となるのは，端末を使う目的です。筆者は，端末を使う目的を「学校生活をより良くするため」としていました。目的に沿って，児童は話し合いをしました。この話し合いこそが，「情報モラル」の指導です。他にも，「休み時間に，学習に関係ないことをインターネット検索していた」等，児童生徒が自由に端末を使用すると，必ず問題が起きます。まずは，問題が起きたときに，その都度，学級で話し合うことから始めていくことが有効です。

■ 動画教材の活用

問題が起きたときに，その都度学級で話し合うことだけでは，不十分です。日頃の道徳の授業等で動画教材として，NHK for School を活用することが有効手段です[1]。筆者も，情報モラルの授業について詳しくありませんでしたが，指導上参考になることや，ワークシート等がサイトに掲載されているので，安心して授業に臨むことができました。

（静岡県静岡市立南部小学校　浅井公太）

※1　NHK「NHK for School」　https://www.nhk.or.jp/school/

情報モラル

Q 初期指導はどうしたらいいですか？

8

A 学習規律とキーボード入力がすべての基盤になります。

基本的なルールからはじめ，失敗を生かして改善する

　子どもたちが端末に慣れるまでは，様々な規律やルールが必要になります。この規律は子どもたちを縛り付けるものではなく，誰もが安心して学習に取り組めるようにするためにあります。また，学習規律を定めていると子どもたち全員の使い方を統一できる良さがあります。後の学習場面で個々に指導する機会が減るため，教師は学習内容に関する質問や操作方法の支援等に対応することができ，授業に力を注ぐことができるのです。

　初めは基本的なルールを子どもたちと話し合って決めて，試してみると良いでしょう。机上の配置や保管場所，友達の発表時はどこを見ればよいかなど，端末を使用していく中で様々な疑問点が浮かび上がります。そのような場面では，子どもたちと確認しながらとにかく試してみることが大切です。初めて1人1台端末の環境になるので，うまくいかないことは多々あり

ます。自分たちが考えたルールでは思った通りに利用できないのであれば，その都度ルールを確認し，改善していくことで上手に利用できるようになっていきます。

キーボード入力は文字を書くことと同じ

　Google Workspace for Education の学習ツールを活用する際，自分の考えを入力するためにキーボード入力が重要になります[1]。すなわち，これまでプリントやノートに自分の考えを書いていたことが，タイピングによる文字入力に変わるのです。

　そのためにはまず，朝の時間や休み時間などにタイピング練習を行える環境を設定していくことが大切です。本学級では，毎朝タイピング練習を行いました。また，子どもの活動が早く終わったときや雨で運動場に出られないときなど，教育活動に支障をきたさない範囲で活用していきました。Chromebook で授業の感想を入力するのに，初めは20分も掛かりましたが，2週間で10分程度，1カ月で鉛筆で書くのと同じくらいのペースで入力することができました。日常的に使うことで，無理なく定着させていきましょう。(静岡県焼津市立豊田小学校　棚橋俊介)

※1　支援が必要な児童・生徒については，音声入力も可能です。

情報モラル

最低限身につけさせたい情報モラルにはどんなものがありますか？

 個人情報を大切にする姿勢と，インターネットの特性を理解させておきましょう。

個人情報を大切にする

Google Workspace for Education では，クラウド上で動く学習用アプリケーションを利用することになります。この学習用アプリケーションは，児童生徒に個別でアカウントを発行することで，個人の学習を蓄積することができます。もし個人アカウントを他人に知られてしまうと，これまでの個人の学習データを見られたり，データを書き換えられたりしてしまう恐れがあります。そのため，アカウント設定をする際には自身の情報を他者に知られないように管理する意識をもたせることが大切です。

また，Google Workspace for Education では，1つのデータを複数人で共同編集することが可能になります。しかし，導入初期では勝手にデータが消えたり，挿入したテキストを友達に動かされたりすることでトラブルに発展することが多々あります。そのような場合はその都度子どもたちと相談し，ルールを見直すと良いでしょう。このような活動を繰り返すことで，子どもたちの情報を扱うスキルも向上していきます。

> **Google Workspaceを使う前に**
>
> Google Workspaceを使うためには、
> 個人のアカウントを持つことが必要です。
> アカウントにはIDとパスワードがあります。
>
> 住所：ID（メールアドレス）
>
>
>
> かぎ：パスワード

インターネットの特性を理解させていく

インターネットに投稿した情報は，不特定多数の人に見られていたり，二度と消すことができなかったりする特性があります。これらの特性によるトラブルに備えておくことが大切です。

例えば，チャット機能によるトラブルです。発言した子に悪気はなくても，相手に意図しない受け取られ方をされることがあります。そのため，情報を発信する側には責任ある行動が必要になります。

このようなトラブルを少しでも予防するためには，インターネットの特性を先に教えておいたり，チャット内で発言できる内容や言葉遣いのルールなどを決めておいたりすると良いでしょう。あらかじめ共通したルールを定めておくと，間違っていることを子ども同士で指摘し合うことができるので，自然とコミュニケーションスキルを身につけることができます。

（静岡県焼津市立豊田小学校　棚橋俊介）

どんなルールを決めておけばいいですか？ 10

A　端末を使う目的を「学校生活をより良くするため」と明確にしましょう。

■ 児童生徒自身が端末使用を制限できる力を育成しよう

　「共同編集をする時には，他人のつくったものを編集してはいけない」「休み時間は，使ってはいけない」「授業中は教師が指示するとき以外，インターネット検索をしてはいけない」等，細かくルールを決めていくと，大量のルールができます。教師はその全てのルールを管理できません。学校全体で足並みを揃えることも困難です。もちろん児童生徒も全てのルールを覚えることはできません。また，1人1台端末はパソコン室の端末と違い，児童の端末の画面ロックをする等，教師が管理できないことが多いです。

　そのため，細かなルールを決めて児童生徒の使用を制限することを考えるのではなく，児童生徒が自分自身で使用を制限できる力を育成することを考えましょう。端末を使用する目的は「学校生活をより良くするため」というシンプルなものとし，教師と児童生徒がしっかりと共通理解していることが大切です。

■ ルール「授業中，学級全員で話し合うときは，端末の画面を閉じる」

　「学校生活をより良くするため」の目的が明確であれば，児童生徒は比較的上手に端末を使います。また，目的が明確であれば，問題行動があった場合でも教師が指導できます。

　筆者の学級では，目的に加えて，「授業中，学級全員で話し合うときは，端末の画面を閉じる」というルールを設定しました。授業の際，学級全員で話し合う場面で，端末の画面を開い

ていると，児童生徒の視線が，発表しているクラスメイトの方ではなく，画面に向きます。端末で自分の意見をつくっている為，画面を見ながらクラスメイトの意見と自分の意見を比べていることも考えられます。しかし，話し合いの場面では，人と人が直接かかわるFace to Faceが大切です。「タイマーが鳴ったら，画面を閉じて，学級全員で話し合う」というように事前に指導をしておくと，端末使用をやめ，スムーズに話し合いを始めることができます。

（静岡県静岡市立南部小学校　浅井公太）

学習規律・ルール

Q 11 1人1台端末になるとどのような学習規律が必要になってきますか？

A 学びやすくなるための学習規律という視点で指導しましょう。

端末の環境

情報モラル

・学習規律・ルール

児童のスキル

健康面

保護者や家庭との連携

授業づくり

教師の意識・教師の活用

考え方はこれまでと変わらない

　学習規律に対する考え方は，1人1台端末が導入されても変わることはありません。これまでにも学習規律は，机周りの整理整頓や，話し方，聞き方など，児童生徒が学習に集中するために指導されてきました。今後は，具体的な規律と同時に「児童生徒がより良く学ぶため」という学習規律に対する考え方が重要になります。また，その考え方を児童生徒にも明確に伝えていく必要があるでしょう。例えば，机上の教科書・ノート・筆箱を自分で決めた位置に整頓することを繰り返し指導すると同時に，「学びやすくなるように机上を整える」という考え方まで伝えることができていれば，1人1台端末が机上に置かれたとしても，児童が教師の指示がなくとも，自分で定位置を決め，教科や学習内容に応じて臨機応変に対応できるでしょう。

1人1台端末が導入されたことで必要になること

　1人1台端末が導入されることで新たに必要な学習規律は，(1)机上の整理整頓に関するもの，(2)児童の発言や話し合いに関するもの，(3)画面内のウインドウやタブの整理整頓に関するもの，が考えられます。

　机上の整頓については，上述の通りです。規律に対する考え方まで明示的に指導することで，児童生徒は臨機応変に整理整頓ができるようになります。児童生徒の発言や話し合いに関しては，導入当初は，他の児童が発言をしているときは端末を閉じ，発言している子の方を向いて話を聞くことを指導する必要があります。しかし，話を聞きながら Google Jamboard のようなホワイトボードアプリや，Google スライドに情報を入力することも徐々に認めていくことが必要です。話をきちんと聞くこと，聞きながら情報を記録すること，どちらも大切ですが，時期や児童の発達段階に応じて柔軟に考える必要があります。端末上の画面では，児童はブラウザのタブをたくさん開いてしまいます。必要な情報にすぐたどり着けなかったり，関係のないページを見てしまったりします。そこで，①必要のないタブは閉じること，②内容に応じてウィンドウを分けること，③頻繁に使用するタブは「固定」すること等を指導します。

　以上はあくまで一例です。各学校・学級に合った「児童生徒がより良く学ぶため」の方法を子どもたちと一緒に考えていくことが大切です。　　　　（愛知県春日井市立藤山台小学校　久川慶貴）

Q 休み時間や放課後の利用はどうすればいいですか？ 12

A 休み時間は個に応じて，放課後は課題への取り組みに利用させてみましょう。

休み時間は子どもたちの興味や関心，必要に応じて

授業中とは異なり，子どもたちが思い思いの過ごし方をする休み時間。子どもたちが求めるものに応じて利用していくことが必要です。休み時間に「先生，鉄棒の空中前回りってどうやるんですか？」と質問してきた子どもたちに端末を渡して YouTube の動画を見せました。先生がお手本を見せてあげることも大切ですが，動画はとても良いお手本になり，ポイントが非常によくまとまっているものが多いです。もちろん，動画は予め先生が下調べして適切なものを選んでおくことや，「動画を1回見たら画面を閉じて試しに行くんだよ。」と約束をしておくことも大切です。その後，動画を見た子どもたちは，動画の内容を振り返りながら何度も空中前回りに挑戦し，休み時間中にできるようになった子もいました。

放課後には，課題の提出を

家庭学習で端末を使うなら，宿題に利用すると効果的です。例えば，次の日の授業で学習する内容についての動画を視聴させておくことや，漢字ノートの書き込みをカメラで撮影して提出させることが考えられます。写真は，オクリンク（ベネッセコーポレーション ミライシード）[1]を使って漢字ノートの書き込みを提出させたときのイメージです。提出が一覧になることで，誰が提出していて誰が提出していないのか一目でわかります。また，自分の書いた文字が他の友達にも見える，ということでノートに書くときにも気合いが入るようです。

休み時間や放課後の利用にも学校で統一したルール作りを

自由に端末を使えるようになることは大切ですが，何をしても良いわけではありません。特に先生の目が届きにくくなる休み時間や放課後に，子どもたちに利用させるには，校内で統一したルール等で適切に使えるようにしていくことが大変重要です。

（埼玉県さいたま市立蓮沼小学校　片山　賢）

※1　ベネッセコーポレーション「ミライシード」https://www.teacher.ne.jp/miraiseed/

学習規律・ルール

授業中におすすめの学習規律はありますか？

13

A 今までと同じ考え方で学習規律を考えていきます。

端末を閉じる短い指示を出しましょう

端末を使うことが当たり前になってくると，机上で端末の画面が開いていることが多くなります。しかし，授業中は画面を見て学習する場面ばかりではありません。画面を見ないで先生や友達の話をしっかり聞く場面もあります。画面が見えると子どもたちの中にはどうしても気が散ってしまい，視線を画面に向けてしまう子もいます。また，つい端末を触ってしまう子もいます。話し手を見るように注意しても，なかなかやめられません。このような場面では，一度端末を閉じさせましょう（図1）。その際，教師が「パタン」と言うと端末を閉じるというように，短い音の指示に決めておくと，低学年の子どもたちにも浸透しやすいです。「子ども

図1　短い指示で端末を閉じさせる

たちが集中できる環境をつくる」「全員を注目させるときには他の物を触らせないようにする」「短く指示を出す」「音で表現する」という点は，今までの考え方と同じです。

机上を整頓させましょう

今までの授業では，机上にあるものは教科書，ノート，筆記用具ということがほとんどでした。しかし，これらに端末も加わることになります。机上の整頓ができていないと学習しにくくなったり，端末を落としてしまったりします。端末も含めた学習道具の置き方を決め，子どもたちに示すと良いでしょう。授業では，端末を使いながら教科書も使う場合や，端末のみを使う場合などがありますから，複数のパターンを示しましょう。あまり多くても子どもたちが覚えられないため，3つ程度に絞ると良いと思います。最初のうちは，「○○の置き方をします」と指示が必要ですが，慣れてくると子どもたちが自分で置き方を選ぶことができるようになります。学習しやすくするために置き方を示して机上を整頓させるという点は，今までの考え方と同じです。

（愛知県春日井市立出川小学校　望月覚子）

Q¹⁴ プライベートのアカウントでログインをしてもいいですか？

A 市町村等が登録をした学校用アカウントでログインしましょう。

プライベートアカウントとは

アカウントとは，端末やインターネット上のサービスにログインするための権利のことです。ふつう，その権利を獲得するために事前に個人情報を登録し，その代わりとして ID とパスワードを受け取ります。ほとんどの学校では，市町村がアカウントを登録し，ID とパスワードを児童に付与していると思います。そのようなアカウントが学校用（教育機関用）アカウントです。一方，家庭で誰でも簡単にアカウントを登録することができます。そのようなアカウントがプライベートアカウントです。

プライベートアカウントと学校用アカウントの違い

プライベートアカウントと学校用アカウントの違いは，端末利用経験の少ない児童が安全かつ効果的に使うための設定がなされているかどうかです。OSによっても異なりますが，両者の主な違いを図1に整理しました。従って，学校でプライベー

プライベートアカウント	学校用アカウント
・自由にダウンロードやインストールできる ・どのようなサイトでも閲覧できる ・パスワードを自由に変えられる ・市町村で購入したアプリケーションが使えない ・管理者が学習者の使用履歴を確認したり一括で設定を変更したりする等，管理することができない	・自由にダウンロードやインストールできない ・閲覧できるサイトを制限できる ・パスワードは自由に変えられない（変えられる場合もある） ・市町村で購入したアプリケーション等が使える ・管理者が学習者の使用履歴を確認したり一括して設定を変更をしたりする等，管理することができる

図1　プライベートアカウントと学校用アカウント

トアカウントにログインをすると例えば次のような問題が生じる可能性があります。
・家庭で遊んでいるオンラインゲームを学校でも休み時間に遊ぶ
・アダルトサイト等の有害サイトを学校で閲覧する

　もちろん，過度に制限をかけることは良くありません。将来，安全に端末を利用するためのリテラシーを身につけさせるには，失敗経験や自分で利用状況を調整することも大切です。しかし，義務教育段階では端末利用時に補助装置として一定の制限をかけることは必要でしょう。また例えば Google アカウントでは，教育用アカウントを利用することで Google ドライブの保存容量が増えます。そのような意味も含め，学校では学校用アカウントでログインするよう指導すると良いと考えています。
（愛知県春日井市立松原小学校　石原浩一）

学習規律・ルール

Q 家庭での利用は目が届きません。どんなルールを決めればいいですか？

A 活用目的・使用時間・学習方法を指導しましょう。

活用目的・使用時間を指導する

　端末を家庭に持ち帰らせる際にまず伝えることは，「端末は，学びをより良くするために使用する」という活用の目的です。「目的に沿って，家庭でもうまく活用してくれる」と信じていることも含めて伝えることが大切です。具体的には，学習と関係のない会話を夜遅くまですること等を例示して，「目的に沿った行動」とは何かを一緒に考えましょう。「教師に連絡をするのは何時くらいまでが望ましいのか」「子どもたち同士の連絡はどれくらいの頻度が望ましいのか」など，児童同士で「ずれ」が生じやすい部分を共に考えていくことが大切です。大人から一方的に決められたルールよりも，自分たちで納得したルールの方が児童は受け入れやすいです。

　加えて，最初から全てのルールを決めて持ち帰らせることは難しいです。そのため，トラブルや失敗を学校の監視下で経験させてあげられる，その後にルールやマナーを共に考えていくことが大切，という教師の考え方も重要になってきます。

学習方法を指導することが先決

　家庭に端末を持ち帰っても，何を，どのように学べば良いかを理解させなければ児童の学びは広がりません。普段の授業で，児童が一人で学べるようにするために「学習の流れ」と「学習の方法」を Google Classroom 等の LMS 上で伝えることが大切です。LMS 上で伝えることで，家庭に持ち帰ってもその内容を参照することができます。

　学習の流れは，まず課題を決めて，それに対するゴールを決めます。ゴールに向けてどのように学ぶかを示すことが大切です。また，情報を整理・分析する活動においては，比較や関連付けなどの考える技法を教えるだけでなく，思考を可視化するために Google Jamboard や Google スライドを活用する体験をさせる必要があるでしょう。どの授業においても，「児童が一人で学べるようにする」というゴールを意識して指導することが大切です。

（愛知県春日井市立藤山台小学校　久川慶貴）

児童のタイピングが遅くて授業が進みません。どうすればいいですか？

A タイピング練習を継続するとともにショートカットキーの指導をしましょう。

目標を設定して練習

　授業で端末を利活用するためには，手書きと同じ速さでタイピングができるようにしたいです。例えば，6年生では1分間に約50字打てれば，授業でも支障なく学習できます。そのため，タイピングでも1分間に50字打てることを目標に練習します。児童はタイピング練習の経験がほとんどありません。そのため，目標を明確にし，児童生徒に意識させることが大切です。また，タイピング練習は，短時間でも毎日続けることが大切です。私の学級では，「1日5分間」を合言葉に休み時間等を使いながら練習を継続しました。

ショートカットキーの指導も必須

　授業で端末を利活用するためには，端末操作の時間を最小限にすることも大切です。そこで，指導したいのがショートカットキーです。ショートカットキーとは，通常マウスでパソコン操作していることを，マウスに代わって，キーボードで操作する機能のことです。学校で使用している端末の多くは，マウスがついていないものです。そのため，端末操作の時間を最小限にするためにショートカットの指導は必須です。

　ショートカットキーの種類はたくさんあります。ただ，すべてのショートカットキーを伝える必要はありません。まずは，代表的なものを指導します。私の学級では，最初にコピー（「ctrl」キー ＋「c」），切り取り（「ctrl」キー ＋「x」），貼り付け（「ctrl」キー ＋「v」）の3種類を指導しました。指導する際には，文字や口頭だけで伝えるのではなく，児童が使っている端末のキーボードを写真に撮り，赤枠でキーの場所を示して大型モニターに掲示しました。

　最初は，不慣れで戸惑う児童もいますが，活用が進んでくると大人と同様に使いこなします。指導していないショートカットキーを使う児童も出てきます。折を見て，3種類以外のショートカットキーの指導をすると良いでしょう。

（静岡県静岡市立南部小学校　浅井公太）

端末の環境

情報モラル

学習規律・ルール

児童のスキル

健康面

保護者や家庭との連携

授業づくり

教師の意識・教師の活用

児童のスキル

タイピング練習の時間を確保できません。
何か良い方法はありますか？

17

毎日『5分』を目標に繰り返し練習をしましょう。

アプリケーションの活用　画面上の文字を打つ（キーボー島アドベンチャー等）

　短い時間でも毎日こつこつと積み重ねることで子どもたちは確実に力をつけることができます。1日5分間だけでもタイピングを行う時間を確保するとどんどん成長していきます。給食の配膳を待っている時間，登校後から始業時間までの隙間時間など時間の確保が可能です。帰る前や授業時間など，「少しの時間でも続けていくこと」が大切です。

　初期段階では，画面上に出てきた文字を打つところから始めていきます。タイピングをする際の指の置き場所「ホームポジション」について確認をしながら，正しく打つことの大切さを学ばせます。無料で登録できる「キーボー島アドベンチャー」等を活用することで，段階的にタイピングスキルを向上させていくことができます。

1日の振り返り日記　考えながら文字を打つ

　タイピングに慣れ始めたら，「考えながら文字を打つ」段階にシフトしていく必要があります。授業を行う際には，画面に出てくる文字ではなく，子どもが考えながらタイピングをする必要があるからです。Google ドキュメントに1日の振り返り日記を毎日記述することで確実に力をつけることができます。振り返り日記の記入後に，Google スプレッドシートにクラス全員が打ち込んだ文字数を記録し，グラフにすることで，友達や以前の自分の記録と比較することができ，意欲付けにもなります。数値目標を設定するなど，自分の目標に向かって取り組むことで力をつけることができます。当初は全くタイピングを行うことができず，音声入力や手書きパッドを使用していた子も，継続していくことでタイピングの力は他の子と遜色なく行うことができるようになりました。まさに継続は力なりです。

（静岡県静岡市立横内小学校　吉田康祐）

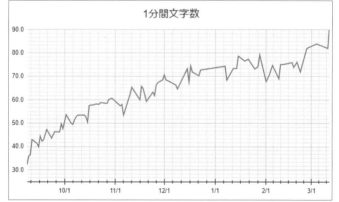

児童のスキル

Q 低学年はタイピングをすることが難しいです。
どうすればいいですか？ 18

A 入力しやすい方法で表現できるようにしましょう。

様々な入力方法で

　端末での表現は，タイピング以外にも様々な方法があります。

　身の回りの情報を集めるときには，写真を撮り，それをもとに発表したり話し合ったりする方法が考えられます。動画なら，発表の様子や音楽や体育のパフォーマンスを伝えることもできます。

　文字入力でも，タイピング以外に手書き入力や音声入力などの方法があります。Google ドキュメントや Google スライドの入力ツールを使えば，手書きした文字を変換することもできます。音声入力では日本語はもちろん，日本語以外の言語にも対応しているため外国語活動や外国につながる子どもたちの指導にも活用できます。Google Jamboard 等のホワイトボード機能を使えば，指やタッチペンで手書きができます。

　このように低学年のうちは，直感的に入力しやすい方法で表現できるようにしましょう。

デジタルのワークシートを活用

　低学年向けにワークシートを作成する方法があります。鉛筆とノートでも真っ白な紙に思い通りに書くことは難しいように，端末を使って記録する場合も，ある程度の型が示されていると安心して学習に取り組むことができます。

　Google スライドや Google Jamboard でワークシートを作れば，画像を入れたり，動かしたりできます。例えば，生活科の観察日記をデジタルにすると，写真付きで記録ができます。その写真にかき込んだり，友達と記録を共有したり，過去の記録を参照したりもできるようになります。

　このように，デジタルのよさを生かしたワークシートを作ることで，低学年でもさまざまな表現ができます。その際，入力する内容や場所が一目で分かる配慮があると，安心して取り組むことができるでしょう。

（栃木県壬生町立睦小学校　稲木健太郎）

健康面

 画面を見ることにより児童の視力の低下が心配です。
どうすればいいですか？

19

 目に負担をかけない使い方を繰り返し指導しましょう。

視力に関する指導の留意点

1人1台端末の活用スキルと並行して，健康に留意して活用するための方法についても指導する必要があります。図1は，近年，文部科学省が作成している資料や通知から「視力」に関する留意点を整理したものです。大きく分けると「姿勢」「端末画面」「利用時間」の3点を指導することが大切です。

■姿勢
・良い姿勢を保ち，目と端末の画面との距離を30cm以上離す
　→無理な姿勢をさせない
■端末画面
・画面への反射や映り込みを避ける
　→カーテンや暗幕での調整，反射防止フィルムの利用
・周囲が暗い時は画面の照度を下げる
　→視線とタブレットが直行する角度，明るさ調整機能の指導
■利用時間
・長時間画面を見ない（30分に1回，20秒以上目を休める）
・寝付きが悪くなることから，就寝1時間前からは利用を控える

図1　視力に関する指導の留意点の整理

特に低・中学年では教師と保護者の見守りが必要

既に述べたように，健康に留意した使い方を児童に指導することが大切です。加えて，学校では，教師自身も児童の健康に留意し，計画的に端末を活用させることが必要です。特に今後，中・高学年では多くの教科でプレゼンテーション資料や文章の作成，インターネット検索等が行われるようになり，「気づけば連続して数時間端末を利用していた」ということが十分に起こり得ます。児童が長時間連続して端末を利用することのないよう，教師が計画的に授業スケジュールを組むことが求められます。また，低・中学年の児童は集中しているうちについつい姿勢が乱れたり，顔が画面に近づいたりしてしまいがちです。一度指導したから良しとするのではなく，日々の様子を観察し，繰り返し声をかけていくことが大切です。

なお，今後は学校だけでなく家庭でも端末を活用して学習に取り組むことが想定されています。家庭でも上記留意点を踏まえて活用できるよう，保護者への案内も必要です。学年通信等で繰り返し伝えていくと良いでしょう。

（愛知県春日井市立松原小学校　石原浩一）

〈参考文献〉
文部科学省（2014）「児童生徒の健康に留意してICTを活用するためのガイドブック」
文部科学省（2021）「GIGAスクール構想の下で整備された1人1台端末の積極的な利活用等について」

（左端縦書き）端末の環境　情報モラル　学習規律・ルール　児童のスキル　健康面　保護者や家庭との連携　授業づくり　教師の意識・教師の活用

健康面

 Q 端末を使うときの姿勢はどのように指導すればいいですか？ ²⁰

 A 「良い姿勢」を掲示し，児童自身の姿勢を確認させましょう。

▌「良い姿勢」を提示・掲示

　端末を使うときの姿勢は，床に両足をつける，背中を伸ばす，お尻を椅子の後ろまで深く腰掛ける，目線は画面に直行する角度に近づけることを意識させる必要があります。端末を使うときの姿勢といっても，鉛筆で文字を書く姿勢と変わらないところも多いため，端末の使用に関わらず，「良い姿勢」とは，どんな姿勢なのかを掲示したり，指示したりすることが大切です。学年のはじめや学期のはじめに，端末使用のルールなどを確認する時に一緒に姿勢についても確認すると効果的です。低学年では，「足はペッタン，背中はピン，お腹と背中にグー1つ」などの合言葉を使って意識させる方法もあります。しかし，端末の使用時の姿勢は，一つに限られず，グループでの作業，発表などの活動内容によっても変わってくることが考えられるのでその都度意識をさせることも必要でしょう。

　端末の使用は家庭でも行われ，悪い姿勢で長期的に利用することも考えられるため，学校での良い姿勢での習慣化を目指せると良いと思います。

▌自分自身の姿勢を見ることで改善につながる

　実際に，児童自身が端末を使用している姿を撮影し，お手本となる姿勢とどのくらい違うのか，どこに気をつけると良いのかを客観的に把握させました。

　写真は，児童が端末を使用している所を撮影し，良い所と改善したい所をクラス全体でアドバイスをし合ったときのものです。ペアなどで互いに撮影し助言し合う，教師が何名かの児童を撮影して良いところや直したいところをクラス全体で確認するなどの方法があります。

　教師が絶えず指導し続けることは難しいですが，児童自身や児童同士で姿勢を直すための啓発指導を行うことで児童が端末を使うときの姿勢が意識付けされると思います。

（静岡県袋井市立袋井北小学校　青柳咲紀）

小学校

端末の環境

情報モラル

学習規律・ルール

児童のスキル

健康面

保護者や家庭との連携

授業づくり

教師の意識・教師の活用

健康面

Q 端末ばかり使うようになって体力低下等が心配です。どのように指導するのがいいですか？

A 端末を使用するルールや，体を動かしたくなる活用方法を考えましょう。

端末の環境

情報モラル

学習規律・ルール

児童のスキル

健康面

保護者や家庭との連携

授業づくり

教師の意識・教師の活用

▌端末を活用するルールを子どもと一緒に考える

　仮に休み時間等に，端末ばかり使っていて体を動かすことが少なくなってしまっているのであれば，使い方のルールを考えなければなりません。その際には，教師がルールをつくって子どもたちに提示するのではなく，子どもたち自身に考えさせた方が実効力のあるルールになります。まずは自分たちの端末の使い方を振り返らせ，問題点を挙げさせます。そこで子どもたちが端末を使いすぎていることを挙げれば，教師から使い過ぎることによって起きる弊害を示し，そうならないように解決策を子どもたち自身に考えさせます。そうして自分たちで考えたルールであれば子どもたちも自然と守るようになります。また，特に高学年などは学校行事や委員会等の仕事をする関係で，一度決めたルールが合わない状況が生まれたときには，その都度話し合って，ルールを更新していくと良いでしょう。

▌体を動かしたくなる活用方法を考える

　休み時間の端末活用のルールについては十分に考えなければなりませんが，休み時間の端末活用を認めるのであれば，子どもたちが端末を活用することで，体を動かしたくなるような活用をさせてみてはいかがでしょうか。例えば，

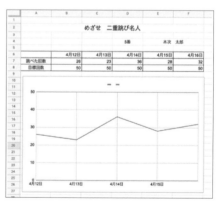

縄跳び記録シートの一例

・縄跳びの回数や長距離走のタイムなどを表計算アプリに入力し，折れ線グラフ等にして，自分の成長を可視化する。

・動画を見てダンスの練習をし，自分たちがダンスをしている様子を撮影する。

　活用の仕方によって，これまで体をあまり動かしたがらなかった子どもが，進んで体を動かすようになるかもしれません。

　端末の活用の仕方次第で，体力向上に繋げることも十分にできます。

（島根県雲南市立木次小学校　大久保紀一朗）

Q 端末を活用することに否定的な保護者がいます。どうすればいいですか？

A 変化は誰でもこわいもの。否定的な保護者の意見をたくさん聞きましょう。

Google フォームを用いた保護者の意識調査

保護者の協力なくして，1人1台端末の成功はないと思います。これまでの教育現場の実践とは大きく異なる取り組みであるため，はじめはなかなか理解を得られないこともたくさんあると思います。しかしそんな否定的な保護者の意見だからこそ，耳を傾けるようにしましょう。Google フォームで定期的に保護者からアンケートを取ると「端末を持ち帰ることで，荷物の量が多くなり大変だ」という声が届きました。すべての教科書をそもそも持ち帰る必要性があるのか？と立ち止まるきっかけとなり，持ち帰りの荷物の精選を行うことにしました。頭ごなしに「活用します」とするのではなく，なぜ端末が必要であるのかを伝えながら，子どもたちの成長した姿で示していくことで，次第に理解は得られるはずです。

保護者に情報発信することで WIN-WIN の関係に

保護者にとっては学校でどのように端末を活用するのか見通しやイメージがもてないため否定的な意見が出てくるのだと思います。端末の大きなメリットを最大限に伝えていきましょう。教師だけでなく，子どもたち，保護者にとっても必要性を感じる取組ができれば理解も深まるはずです。個人情報の取り扱いについて理解や承諾を得た上で，欠席連絡や時間割などを DX したり，子どもたちの作品や考え等を公開したりすることで，活用のイメージが浮かぶはずです。これまで以上に学校を近くに感じることができ，今まで以上に信頼関係を築くことも可能になるはずです。グループごとに発表した様子を Google Classroom 内で動画配信することで，「普段授業を参観することのできない父親も参観することができた」「家庭での会話が増えた」「以前よりも学校の様子がよくわかった」など肯定的な意見が多数ありました。

ただし写真や動画などの保存・取り扱いについては事前に協力体制を構築しておくと良いでしょう。

（静岡県静岡市立横内小学校　吉田康祐）

保護者や家庭との連携

Q 23 保護者は端末を使った授業がイメージできないようです。端末を使った授業の様子を伝える良い方法はありますか？

A 学級懇談会で端末を使いましょう。保護者の日常に溶け込ませましょう。

端末の環境

情報モラル

学習規律・ルール

児童のスキル

健康面

保護者や家庭との連携

授業づくり

教師の意識・教師の活用

学級懇談会が，イメージをもつ一番良い方法

私は学級懇談会で児童が使っている端末を保護者が直接操作することで具体的なイメージをもてるようにしました。具体的には，右の図のように，Google Jamboard を使って，グループワークをします。教師からの出題（学習について家庭ルールがある等）について，Yes か No の場所に，名前

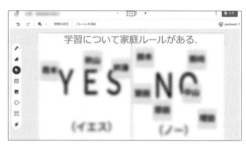

の付箋を貼ります。そして，その付箋をもとに保護者同士で話し合いをするグループワークを行います。保護者は，児童生徒が使っている端末に触れることができます。また，端末使用の利点である「共同編集」を体験することもできます。そして，懇談会の目的である保護者間の情報共有もできます。

日常に溶け込むように，時間割や学級通信をオンラインで配信しましょう

懇談会だけでなく1人1台の端末で使う「クラウド」を日常に溶け込ませていくことが大切です。そのため，筆者は，毎日確認する「時間割」や学級の様子が伝わる「学級通信」をオンラインで配信しました。

私の学級では，Google Workspace for Education を使っています。保護者の端末（スマートフォン等）に Google Classroom 等のアプリをダウンロードして，Google アカウントでログインをしてもらうことで，Classroom を閲覧可能にします。

そして，担任が「時間割」の Classroom を作成し，右の写真のように，毎日の時間割を配信し，毎日確認してもらうようにしました。また，「学級通信」の Classroomをつくり，授業の様子を配信しました。このことにより，保護者は「クラウド」を使うことが日常となり，端末を使った授業への理解が深まりました。(静岡県静岡市立南部小学校　浅井公太)

家庭で身につけておきたいこと，指導をお願いしたいことにはどんなことがありますか？ ²⁴

 家でも日常使いをできるように子どもを見守るようお願いしましょう。

何でも端末を使って自分で調べさせたり，つくらせたりすると良い

　どれだけ端末を【学習として】日常使いにさせていくのかが鍵になります。家には誘惑がとても多いです。テレビも，お菓子も，YouTube もあり，他のことに目移りしてしまいます。だからこそ毎日家で学習用の端末を触る機会をつくってあげられるかが鍵です。そのため，学習用端末でできることはなんでもさせて，たくさん遊ばせることが大事です。学習用だけでなく，家庭用にもこの端末を使わせていくことで，その機能をふんだんに使う習慣ができます。本来，遊びと勉強・学びはどちらも同じものです。学習用であれば何をしても良いというくらいの自由度を子どもに渡してあげることがまずできることではないでしょうか。学習用端末はセキリティが保証されていますので，子どもを信頼し，自由に使わせてあげましょう。その家庭用と学習用の壁を溶かしていくことが，まず最初にできることです。

基本的なタイピング技術は家庭との連携が必要

　学校で出た宿題は家庭でも取り組みやすいものです。そのため，毎日タイピングの宿題を出すことに取り組むと良いです。タイピングの力はすべての根幹です。特にオススメなのはキーボー島アドベンチャー（スズキ教育ソフト株式会社）です。30級からスタートし，自分の進度や成長がわかります。無料で児童一人ひとりのアカウントを配布できます。

　家庭にただ「やってください」というのでは家庭は協力しづらいものです。宿題にして毎日の音読のように取り組ませることで「日常使い」に近づいていきます。タイピング技術があると，学習のアウトプットのスピードが上がります。キーボード操作に時間がかかってしまっていては，学習内容の理解や成果物の作成などに割ける時間が減ってします。日々，当たり前にキーボード操作ができるようになるよう，家庭でも学校でもタイピングをしていくことが大切です。

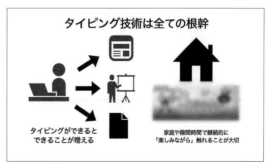

（東京都練馬区立石神井台小学校　二川佳祐）

保護者や家庭との連携

Q 学習以外で端末を使ってしまうのではないかと心配になりますが，家庭での活用の工夫はありますか？

A ルールを共有し，「見える」ようにしましょう。

■ ルールの共有をしましょう

　端末に関するルールを保護者と共有しましょう。家庭での活用には保護者の理解が必要です。各家庭でルールを決められるようにある程度自由度をもたせつつ，活用の方針や絶対にしてはいけないことは学校から示す必要があります。また，授業参観や懇談会などで児童が端末を活用して学んでいる様子を見てもらったり，保護者にも体験してもらったりすると，ルールや端末配付の意義の共有につながります。

　学校から一方的にルールを示すだけでなく，保護者と直接話し合ったり，Google フォームを活用したりして，保護者の意見も取り入れながらより良い活用の仕方を考えましょう。

■ ルールを「見える」ようにしましょう

　ルールを「見える」ようにして，家庭での望ましい活用につなげましょう。

　ルールを意識させる工夫の一つとして，デスクトップ画面にルールを示す方法が考えられます。学校で指導していることや家庭での約束事をプレゼンテーションアプリ等にまとめ，画像

にします。それをデスクトップの背景にすることで，端末を開くといつも「見える」ようになります。活用初期の児童の意識付けにもなりますし，保護者への周知にもつながります。

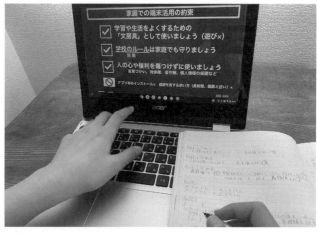

　また，家庭で活用する際の約束事をチェックリストにする方法もあります。文部科学省からは「GIGA スクール構想 本格運用時チェックリスト」[1] が出ています。こうした資料を参考に，具体的な行動目標を家庭と共有すると良いでしょう。

（栃木県壬生町立睦小学校　稲木健太郎）

※1　文部科学省「GIGA スクール構想 本格運用時チェックリスト」
　　　https://www.mext.go.jp/content/20210414-mxt_jogai01-000014225_001.pdf

保護者や家庭との連携

Q 26 宿題ではどのような活用の方法がありますか？

A 新たなチャレンジが可能に！ 可能性は無限大!!

反転学習（知識の獲得，意見構築）

Google フォームを用いることで，子どもたちが課題に対して意見をもった状態で授業に臨みやすくなります。また従来の授業では意見を教師が事前に把握することが難しかったですが，Google フォームを用いることで，授業前に，家庭で取り組んだ子どもたちの考えを把握することができます。導入時に意図的に指名したり，考えのまとまりごとにグルーピングしたりすることが可能です。また Google フォームで収集した意見を Google スプレッドシートを使って一覧にすることで，クラス全体の意見を即座に共有することができるため，短時間で意見の出し合いを終えられます。

6年生の国語「柿山伏」では，山伏と柿主の登場人物の性格を考え，Google フォームで回答することを宿題としました。授業開始直後に，Google スプレッドシートに一覧にしたものをクラス全体で共有することで，5分程度で登場人物の人柄を理解することができました。

スタディログとしての積み重ね （学びの振り返り）

Google スプレッドシートを用いることで学習カードの代替をすることができます。記入する項目に，学習時間，忘れ物の数，メディアに触れた時間，一言日記などを設け記入させます。Google スプレッドシートは表やグラフにすることが簡単にできるので，家庭学習や学校での過ごし方などを見える化して，メタ認知しやすくなります。6年生社会では，人物調べを家庭学習とすること

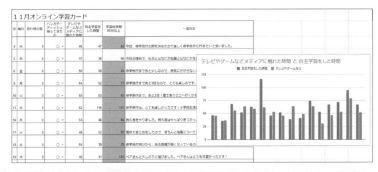

で，事前に知識が入った状態で授業に臨むことができました。Google スライドを用いることで，人物同士を比べたり，同じフォーマットでまとめやすくなったりと，オリジナルの人物図鑑を作成することもできます。

（静岡県静岡市立横内小学校　吉田康祐）

授業づくり

 Q どのくらいの頻度で端末を使えばいいですか？

 A 私たちがスマートフォンを使うように，いつでも使わせましょう。

端末の環境

情報モラル

学習規律・ルール

児童のスキル

健康面

保護者や家庭との連携

授業づくり

教師の意識・教師の活用

授業以外の場面で使用させる

　どのくらい使用すると良いのかを考える際には，大人の普段使いをイメージすると良いでしょう。文章作成ソフトや表計算ソフト，プレゼンテーションソフトなどは何度も活用しているから，仕事における問題解決においても支障なく活用できるツールとなっているのです。また，日常的に活用しないと，家庭に端末を持ち帰った場合に自分一人で学べるようになりません。

　そこで，まずは授業以外の場面で使わせてみましょう。例えば，学級での当番活動の一覧表を Google スプレッドシートで作成させることができます。また，委員会活動の活動内容を Google スライドで紹介させることもできます。学級目標について，クラス全員の意見を集めるために，Google フォームでアンケートを取ったり，Google スプレッドシートを共同編集して意見を集約したりすることができます。Google カレンダーを用いて家庭学習の計画を立てることも可能です。Google Chat で部活動に関する連絡を取り合わせても良いでしょう。私たちが普段，パソコンやスマートフォンをどのように活用しているかを参考にすることがヒントになるでしょう。

授業で使用させる

　授業で最も高い頻度で行われる活動は，文章作成や情報の整理といった活動です。国語科の文章を文章作成ソフトで作成させることで，児童にとっては書き直しが簡単にできるようになること，教師にとっては文章に対するコメントがしやすくなるというメリットがあります。また，文章作成ソフトでは児童同士が文章を共有することで相互評価が容易になります。

　情報を整理する際には，Google Jamboard というホワイトボードツールが便利です。付箋に単語や短文を入力し，その位置を自在に変えることができます。低学年の児童でも，手書き入力が可能なので，考えを形成するために事実を整理する活動が可能になります。

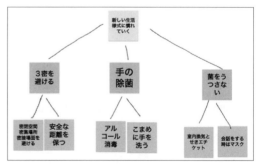

（愛知県春日井市立藤山台小学校　久川慶貴）

Q どんなことから授業で活用を始めればいいですか？

A 自分のできることを一つずつ増やして試していきましょう。

小さなところから始める

「私は ICT を上手に使えない…」「わからないことだらけだし…」そういう声をよく耳にします。誰にでも苦手なものはありますし，できないことがあるのは当然です。苦手なものを克服する方法はとっても簡単です。それは「小さく始めて，触れる回数を増やす」です。

まずは，小さな小さなことに挑戦してみるのが良いです。アプリを開いてみる，ログインしてみる，機器を触ってみる，知っている人に聞いてみる。とにかく「やってみる」が大切です。何かわからないものから，触れたことのあるものにしていくことが最初の一歩目です。人間は知らないものには恐怖を覚えたり，嫌悪感を覚えたりする生き物です。だからまずは，知らない状態からちょっと知っている状態にすることで新しい情報が入ってきます。

「できない」を認め，「できる」を実践してみることが最初のスタート

この GIGA スクール構想の一番のキーフレーズは「先生もよくわからないんだよね」です。一番大事なことは，先生が子どもたちに教えるスタイルから抜け出し，共に学んでいくスタイルへの転換です。児童生徒にどれだけ自己開示し，共に成長しようとすることができるかが成功を決めます。なぜなら，教育の中でも前代未聞のことで誰もまだ答えをもっていないからです。新型コロナウイルス感染症の対応のように，「こうすればいい」という正解がない時代です。この GIGA スクール構想も同じです。だからいっしょに創っていくという姿勢が大事です。

そして，失敗もたくさんしながらいっしょに「やってみる」ことが何よりも大事です。その姿勢が一番の教科書です。新しいことにチャレンジすることはちょっと怖いことですが，子どもたちが生きていくこれからの時代は新しいことの連続です。その中を生き抜く力をどうつけさせていくのかは先生の姿勢次第だと言えます。できることをやって先生も少しずつ成長していけばいいです。子どもと先生というより，一緒に成長していく「仲間」です。だから教えなくてはという思い込みを捨てて，肩の力を抜いて「先生もよくわからないんだよね」と子どもたちに言ってみることから始めませんか。

（東京都練馬区立石神井台小学校　二川佳祐）

授業づくり

授業づくりの参考になる実践例はどのように集めればいいですか？ 29

端末を上手に活用し，校外・校内の情報を集めましょう。

端末の環境

情報モラル

学習規律・ルール

児童のスキル

健康面

保護者や家庭との連携

授業づくり

教師の意識・教師の活用

校外の情報を集めましょう

これまで私たちは授業づくりの情報をどのように集めてきたでしょうか。例えば本や教育雑誌を読む。研究会やセミナーに参加するなどして情報を集めてきたと思います。これからはさらに，端末も上手に活用して情報を集めましょう。

その一つとして文部科学省の「StuDX Style」（https://www.mext.go.jp/studxstyle/）というWebサイトを紹介します。1人1台端末を先行して導入した学校の取り組みが様々紹介されており，「すぐにでも」「どの教科でも」「誰でも」生かせる端末の活用シーンとして，授業での活用方法やGIGAスクール構想に慣れるための実践例が豊富に掲載されています。随時更新されるため，最新の情報にすぐ触れることができます。

研究会やセミナーへの参加の仕方も変わってきました。ここ1年はコロナウイルス感染症対策として，多くの研究会やセミナーがオンラインで行われました。移動にかかる時間や労力，費用がかからないため，時間や距離を超えて学ぶことが可能になりました。双方向でやりとりをするタイプやYouTube等で視聴するタイプなど，ニーズに合わせてうまく活用することで，情報を集めやすくなります。

校内の情報をシェアしましょう

校内の実践を日常的にシェアできる場も作りましょう。

校内のグループウェアのチャット機能等を活用することで，気軽に実践がシェアできます。授業で試したことや上手くいったことをシェアするチャンネルをグループウェアで作ります。気軽に投稿できるように，写真一枚やURL一つ載せるところから始めましょう。それだけでも実践のイメージが湧いてきます。校内の情報を日常的にシェアすることで，職員室でも自然と端末を活用した授業づくりが話題となり，実践例が集まっていくでしょう。

（栃木県壬生町立睦小学校　稲木健太郎）

授業づくり

Q 授業中に端末を使って児童が何をしているのかを把握することができません。どうすればいいですか？

 課題解決に向けた活動が中心となる授業展開にすることで，教師が児童の画面を常に把握する必要がなくなります。

■ 活動せざるを得ない授業展開にする

　児童が何をしているのかを把握しなければならない，ということは，児童が他のことをすることができてしまう授業展開だからではないでしょうか。例えば，どのような課題解決に向かっているかが明確でない情報の収集をさせていたり，児童が情報収集や整理・分析するスキルを習得していなかったりして，児童が他のことをしたくなるような状況があるのかもしれません。そこで，まずは授業の課題設定を明確にしましょう。「〜を知ろう」や「〜を考えよう」のような課題ではなく，小さなものでも良いので成果物をつくらせるような課題を出すと良いでしょう。「線対称と点対称の見分け方をグループで1枚のスライドで伝えよう」や「縄文時代の暮らしの様子を1枚のGoogle Jamboardで説明しよう」など，活動への参加を促す活動を意識させると良いでしょう。難易度の高い活動をさせるときにはグループで，少しずつスキルが身についてきたら個人で，などと課題を調整していくと良いでしょう。

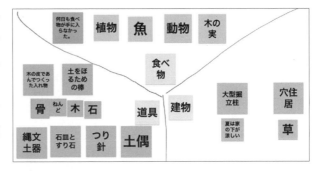

■ 活動に必要なスキルを身につけさせる

　授業における課題を明確にする必要があると同時に，児童にスキルを身につけていく必要があります。1人1台端末を活用して学ぶ際には，情報活用能力を意識することです。端末や学習者用アプリケーションの知識や技能だけでなく，課題の設定，情報収集，整理や分析，まとめて表現する活動を円滑に進めるスキルを伝える必要があります。インターネットで情報を検索する方法や，見つけた情報の抜き出し方，ベン図やYチャート等で集めた情報を整理・分析するための方法を課題解決の中で教えながら，活用させていく必要があります。共同編集ができる学習者用アプリケーションを使うことで，学習を苦手とする児童も，得意な児童の活動を真似することが可能になるので，スキル習得の広がりのスピードが格段に上がります。

（愛知県春日井市立藤山台小学校　久川慶貴）

授業づくり

Q 端末内でつくった学習成果物の評価はどのようにすれば³¹いいですか？

A 提出機能やルーブリック評価で，「見える」評価をしましょう。

提出で「見える」評価を

Google Classroom 等の学習マネジメントシステム（LMS）を使うと，提出機能で「見える」アドバイスができます。学習で作成した成果物は，通常，個人のクラウドに保存されます。それを Google Classroom で提出することにより，教師と共有できます。教師は Google Classroom で提出された課題を一覧で確認でき，個別に評価することもできます。

例えば Google ドキュメントで作成したレポートを提出させた場合，教師は提出物の画面で個別に添削ができます。ここでは児童生徒が書いたものを残したまま，「見える」状態で添削

ができます。また，全体や部分にコメントをつけることもできます。目標に向かって成果物を作らせる場合，教師が児童生徒の学びに伴走し，望ましい方向に導く評価を折々にしていく必要があります（形成的評価）。提出機能を使えば，そうした伴走が「見える」ようになります。

パフォーマンス課題にはルーブリック評価を

レポートやプレゼンテーション（発表の様子の動画等）には，ルーブリック評価が適しています。Google Classroom のルーブリック機能を使えば，簡単に評価することができます。

Google Classroom 上にルーブリックの評価基準を入力することで，児童生徒がいつでも評価基準を参照できます。教師が評価する際は，入力してある評価基準から選ぶだけです。そこに教師からの励ましやアドバイスを添えることもできます。児童生徒は，自分への評価やコメントを Google Classroom 上で確認できます。目標とする評価規準や最終的な評価をルーブリックで「見える」ようにすることがポイントです。

（栃木県壬生町立睦小学校　稲木健太郎）

Q 低学年ではどんな実践ができますか？ 32

A ソフトウェアキーボードでの入力練習をゲーム感覚で取り入れましょう。

1年生から「入力する」ことに挑戦しよう

キーボード対決と称し，1分間で何単語入力できるかを競うゲームです。用意するものは，端末内にあるメモ帳と，教師の方で用意した単語カードです。単語カードとは，入力させる単語を一覧表にしたです。「もも」「くま」などの2文字が並んだ表，「ばなな」「うさぎ」などの3文字が並んだ表，「ししゃも」「たこやき」などの4文字が並んだ表の3つを用意すると良いでしょう。最初は2文字から取り組ませ，慣れてきたら3文字，4文字と入力する単語のレベルアップを図ると盛り上がります。机上に単語カードと端末を用意し，メモ帳を起動させます。メモ1ページにつき1日分使わせ，ページタイトルは取り組んだ日にちを入力させます。全員の子どもがここまでできたら，教師が1分間のタイマーをスタートします。スタートとともに，メモ帳に「もも，くま…」と，どんどん入力させます。1分経過したところで，何単語入力できたかを記録していきましょう。

記録もデジタル化しよう

表計算アプリの1シート（シート名は取り組んだ日付がよい）につき，1日分を入力させます。A列目には児童の名前を全員分並べ，1行目には単語を並べます。そして，入力できた単語まで塗りつぶしさせます。全員が塗りつぶし終えると学級全体で棒グラフができ，多く入力できた子どもほど長い棒で表されます。練習と記録を毎日繰り返し，2シート目，3シート目…と学級全体で積み重ねていきましょう。この方法で記録させる場合，入力が得意な児童（棒が長い）と苦手な児童（棒が短い）の差が明確になりやすくなります。「結果を共有する目的は「ビリ」を探して非難するためではなく，「よくできている人」を探してみんなで祝福するためである」という指導をしましょう。それでも不安であれば，児童ごとにファイルをつくる（ファイルの名前を児童の名前にする）と良いでしょう。その場合，A列目には日付を入力させます。低学年からソフトウェアキーボードに取り組み，「入力する」ことに慣れておくと，ローマ字入力へ抵抗感なく切り替わっていきます。　（東京都福生市立福生第二小学校　杉山礼美）

授業づくり

Q 特別支援学級ではどんな実践ができますか？

A カメラ機能やドリルを使った実践を行ってみましょう。

■ カメラ機能で客観的に自分の姿を見せる

特別支援学級の子どもたちは活動に取り組む自分の姿を客観的にとらえることが苦手です。カメラ機能を使ってその苦手分野を補ってあげることで，自分自身の課題に気付き，成長するチャンスを作ることができます。

体育の学習や音楽の楽器を演奏する学習などにおいて大きな効果が期待できます。例えば，跳び箱の学習では，跳ぶ姿を動画に記録し，跳んだ後に動画を見ながら振り返らせてあげます。すると，踏み切り，手の着き方，腰の上げ方や着地の仕方など，良かったところやうまくいかなかったところを子どもが自分で気付き，次の活動に活かすことができるようになります。

■ ドリルを使う学習では集中力が持続する

なかなか集中して学習に取り組むことができない子どもたちが，ドリルに取り組みだすと途端に静かになりました。写真の実践は，ドリルパーク（ベネッセコーポレーション　ミライシード）に取り組んでいる様子です。ドリルパークで学習を行うと，子どもたちが集中して取り組みます。発達に課題のある子どもたちにピッタリな学習活動です。画面を通して行うことで，余計な情報が遮断されること，ゲーム感覚で学習を進めていけることが集中力を持続させる要因となるようです。自分の学年だ

けでなく，他の学年の学習内容も選んで取り組めることも，個に応じた学習を進める特別支援学級の子どもたちにとって大きなメリットとなります。

■ 集中のしすぎに注意！

ドリルパークを使いだすと集中しすぎてやめられなくなることがあります。最初に終了の時刻を掲示しておいたり，タイマーをかけたりして見通しをもたせてあげることが大切です。

（埼玉県さいたま市立蓮沼小学校　片山　賢）

Q そもそも ICT が苦手です。どうしたらいいですか？

A ICT について一緒に学んでくれる仲間をつくりましょう。

とにかく体験することが大切

　新しいことに挑戦する場合，はじめは誰でも初心者です。苦手だからと言って敬遠するのではなく，まずやってみることが大切です。例えば，Google Workspace for Education のアプリケーションは，感覚的に操作できるように設計されています。まず体験していく中で，自分に合った活用方法を身につけていくことが大切です。

　また，学校には ICT に精通している先生も，ICT を苦手としている先生もいます。GIGA スクール構想が始まるということで，ICT の活用について学んでいこうという意欲を持っている先生もたくさんいると思います。そんな先生と情報共有を積極的に行い，良い操作方法や活用方法があったら，教え合い体験をたくさんすることで，慣れていくことが大切です。たくさんの仲間をつくり一緒に学んでいきましょう。

子どもに先生になってもらう

　1人1台端末が渡されると，子どもはどんどん端末を活用するようになります。すると，教師が知らないような機能を発見したり，新しい活用の仕方をどんどん考えたりしていくようになります。教師よりも子どもの方が，使い方を知っているという逆転現象が起こることが当たり前になってきます。そんな時は，子どもに先生になってもらい，使い方を教えてもらったり，操作を手伝ってもらったりすれば良いでしょう。

　また，子どもは自然と教え合いを始め，操作方法や活用方法を共有していきます。教師が苦手でも，子どもが先生になって活動を広げてくれます。子どもも一緒に学んでいく仲間です。子どもと一緒に操作方法や活用の仕方を考えていくという姿勢で良いと思います。

（静岡大学教育学部附属浜松小学校　髙木裕之）

教師の意識・教師の活用

Q 端末について勉強する時間がなかなか取れません。何か良い方法はありますか？ 35

A 情報共有する「場」と「武器」を築き上げましょう。

端末の環境

情報モラル

学習規律・ルール

児童のスキル

健康面

保護者や家庭との連携

授業づくり

教師の意識・教師の活用

先行実践を紹介・共有し合う仕組みづくり

校内で ICT が得意な教員，苦手な教員と様々だと思います。学校や学級によっても求めている状況は異なるはずです。学年部で同じ掲示板（Google Classroom 等）を共有することで，授業展開や使用したツールを容易に共有することができます。授業の流れや子どもたちの考えた様子等もわかるため，情報を共有する組織づくりとなり働き方改革に繋がります。実践内容を校内で共有する掲示板を「印刷室」などに設けることも効果的です。

また各学校で情報化推進役を配置し，共有のクラウドや掲示板を用いることで学校間を越えた情報共有をすることも可能です。単元展開や使用したツールなど，Google Classroom を覗くだけで授業イメージや活用のイメージが浮かびます。また使用したツールを他の教員と共有することで，0から作り上げる必要がなくなり，働き方改革にも繋がっていきます。専門的な知識のある教員から情報をキャッチ→発信→利活用のサイクルを行っていくことで，少しずつ活用のイメージが浮かんでくるはずです。文部科学省「StuDx Style」には，1人1台端末の活用方法に関する優良事例や本格始動に向けた対応事例などの情報発信・共有が随時なされています。

一つひとつ武器を増やしていく

1人1台端末があることで実現できることは多種多様に広がっていきます。すべてのツールを使いこなそうとすると大変です。「まずは Google フォームを使えるようになる」など，従来の授業に少しずつ1人1台端末でできるツールを活用しながら，活用の幅を広げていけば良いと思います。また子どもたちの吸収するスピードや新たな機能を発見する力はすごいものがあります。子どもたちといっしょに学び，時には子どもたちから学ぶくらいの気持ちで，まずは「やってみる，試してみる」ことから始めてみる。色々と手を出さずに使える武器を一つずつ増やしていくことが大切です。

（静岡県静岡市立横内小学校　吉田康祐）

Q 校内での研修をどう進めればいいですか？

A 先生方に ICT を活用すると，便利になることを実感してもらいましょう。

先進校の取り組みを知ってもらいましょう

ICT を苦手としている先生方は，ICT を使わなくても質の高い学習を進めることができると考えがちです。校内での研修を進めるためには，ICT によってより良い教育活動ができるようになるという意識をもってもらうことが一番重要です。そのために，先進校の取り組みを紹介し，学校教育に ICT を活用するとどんなふうに授業が変わっていくのか，学校生活が便利に変わっていくのかを，まず知ってもらいましょう。

StuDX Style（文部科学省）や Google Workspace for Education の Web ページなどに，実践事例が多数紹介されています。実践事例を基に，ICT 活用が広まった学校の授業のイメージを具体的にもってもらいましょう。

先生方が端末を使う機会を増やし，スモールステップで研修を進めましょう

校内研修の中である程度まとまった時間を取り，ICT 活用の体験をしてもらう研修を行うことも大切ですが，新たに多くのことを一度に体験してもらっても，きちんと理解をしてもらうには難しいです。それよりも，時間が確保しやすい，全員が集まる会議や打ち合わせの最後などに少し時間を確保することを繰り返し，スモールステップで研修を進める方が効果的です。

また，校内研修の時間も限られており，全ての研修を ICT 活用の研修にすることもできません。そんな時は，これまで行っていた校内研修の中に，ICT を活用する場面を設定していくと良いでしょう。例えば，授業研究の事後研修などの際に，先生方に意見をもらおうとしても，全員の意見を聞くことが難しいことがあります。しかし，Google フォームや Google スプレッドシートを活用すると，先生方の考えを一斉に確認することや集計結果をグラフ化することも容易にできるようになり，授業研究を充実させることにつながります。子どもが授業で体験することを，校内研修を通して先生方に体験してもらうことが効果的です。

（静岡大学教育学部附属浜松小学校　髙木裕之）

教師の意識・教師の活用

Q 端末の活用に関して教師間で温度差があります。温度差を埋める方法はありますか？

A 温度の近い人と職員室で活用した結果の子どもの姿を楽しく自慢し合いましょう。

端末の環境

情報モラル

学習規律・ルール

児童のスキル

健康面

保護者や家庭との連携

授業づくり

教師の意識・教師の活用

▌キーワードは「We」になろう!!

　この質問は端末の活用が広がったり，職員全員で GIGA スクール構想実現に向けて頑張っていこうと推進役の先生が音頭をとったりするときに必ず出てくる悩みではないでしょうか。正直，筆者も似たような経験があります。

　小見出しにもあるようにキーワードは「We」です。これは佐伯胖先生が紹介された「学びのドーナッツ論」をもとに，水落芳明先生が提唱している考え方です。水落先生は御著書の中で学びは「I（学習者個人）」が一人で展開するものではなく，常に「YOU（共感的な他者）」を媒介しながら「THEY（外界）」に参加していく行為と述べています[1]。そして，「I」は直接「THEY」に関わることはできず，「I」が「THEY」に関わるには必ず「YOU」の存在が必要としています。

　これを職員集団で考えてみます。「I」は端末の活用に積極的な先生や活用を推進する立場の先生，「YOU」は活用温度が「I」に近い先生，「THEY」は端末の活用に大きな不安や悩み等がある先生と仮定しましょう。「I」である先生が「THEY」へと一生懸命に端末活用の利点を説明したり，活用実践例の話をしたりしてもやはり難しいものがあるように感じます。しかし，「YOU」である先生とではどうでしょうか。活用頻度がそれなりにある先生ですので，すんなりと実践例等について共有したり，実践の様子を語り合ったりできるのではないでしょうか。その際，ぜひ多くの先生方がいる前（職員室等）で，楽しそうに嬉しそうに子どもの輝いた姿を中心に語ってみてください。やはり，誰かが楽しそうに笑顔で話をしていたら内容が気になるのが人間の性ではないでしょうか。一人また一人と会話に入ってくる先生は必ずいると思います。そうやって少しずつ会話し合える仲間を増やしていき，最終的には多くの職員を巻き込めれば状況は一変すると思います。活用の温度差がなくなり，子どもたちの笑顔が増えることを願っています。

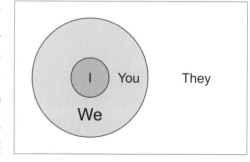

（山梨県総合教育センター　古屋達朗）

※1　水落芳明・阿部隆幸『成功する『学び合い』はここが違う！』学事出版，2014

Q 端末活用が苦手で及び腰の教師をどのように巻き込んで いけばいいですか？³⁸

A ICT に明るい同僚2〜3名と共に，楽しく試し合える文化を醸成しましょう。

「マニュアルづくり」は逆効果になりかねない

筆者は ICT 主任の立場で，1人1台端末の整備以前から全校体制でオンライン学習を推進しました。苦手な教員も多かったことから，同僚を巻き込むために様々な工夫を施しました[1]。

特に工夫した点は，「〇〇小学校端末活用マニュアル」のようなものを，あえてつくらなかったことです。こうしたものをつくると「説明書を読まないと活用できない」という隠れたメッセージを，苦手な同僚に伝えてしまうことになってしまいます。せっかくつくったものを読んでもらえなかったら，作成者も報われない気持ちになります。更には，各種アプリケーションは日々アップデートされるので，1年後に読んだらすぐに古いものになってしまいかねません。どうしても必要な操作説明は，その時々で実演したり，スクリーンショットに説明を書き込んだ画像を共有したり（右図：動画アップロードの説明例）するなど，必要最小限の時間に留めて簡潔に行うことが大切です。

孤軍奮闘して「便利屋」に陥らないために

筆者の周辺で，校内全体の端末活用推進を効果的に行っている学校は，1人で推進するのではなく2〜3名で取り組んでいる印象があります。必ずしも端末活用を専門としていなくても，「ゲームが趣味」などと新しいものに明るい同僚は身近にいるはずです。そうした方をまずは巻き込んで，端末活用について一緒に楽しく試していくことが大切です。

学校で取り決められたマニュアルが無く，ICT に積極的な同僚が複数名いれば，端末活用が苦手な人たちも困ったときに質問しやすくなるはずです。ICT 主任が1人で孤軍奮闘して依存関係をつくってしまうと，いわゆる「便利屋」に陥ってしまい，膨大な仕事を抱えてしまいかねません。教師自身も主体的に楽しく試し合えるような文化を醸成することが何より大切です。

（東京学芸大学附属小金井小学校　小池翔太）

※1　千葉大学教育学部付属小学校『オンライン学習でできること，できないこと』明治図書出版，2020

教師の意識・教師の活用

 児童が家庭からも端末を活用できるようになると，
帰宅後の仕事が増えませんか？

A 家庭でもルールを決めて使わせ，授業中も端末を効果的に活用しましょう。

ルールを決める

　子どもたちは家に帰ってから端末を活用して，宿題や自主学習に取り組むことでしょう。端末を使って先生に質問したり，課題を素早く提出したりすることもできます。先生からコメントがもらえると意欲も高まり，子どもたちにとってはより効率よく学習ができるようになるでしょう。しかし，いつもこのような状態が続くと，質問の通り，帰宅後の仕事が増えてしまいます。そこで，「先生への質問は何時までに済ませると良いだろう」と子どもたちに投げかけ，ルールをつくりましょう。先生1人に対して子どもたちは複数いて，全員が自由に先生に質問すると，先生が大変なことになるのは子どもたちにもわかります。「先生の勤務時間は○時までです」と知らせ，「返事をする時間も入れると○時までには質問を終わらせるべきだ」と子どもたちといっしょに考えていきましょう。また，質問したり提出したりするのは良いけれど，○時を過ぎたら先生は返事をしないというようなルールでも良いでしょう。

　さらに，子どもたち同士で質問し合ったり解決し合ったりするようにしていくと，先生に質問が集まることもなくなります。その場合も，「子どもたち同士で話し合うのは○時まで」というルールを決めておきましょう。

授業中も効果的に活用する

　持ち帰って家庭学習でも活用するようになるということは，すでに学校の授業でも活用が進んでいる状態だと思います。授業で端末を使うと，一人ひとりの子どもの学習状況が瞬時にわかり，その場でアドバイスしやすくなります。そのため，授業後にノートや確認テストで子どもたちの学習状況を把握する時間が減ります。今まで授業後に先生がしていたことは授業内で解決していくため，逆に先生の今までの授業後のような仕事は減るのではないでしょうか。その時間を新たな授業の工夫を考える時間に充てることができます。また，帰宅後の子どもたちの学習状況もわかるわけですから，明日どのような対応をしていくと良いのか今までより早く考え始めることができます。端末を活用することによって，先へ先へと展開していくことができるようになるのです。

（愛知県春日井市立出川小学校　望月覚子）

教師の意識・教師の活用

Q 校務分掌で情報教育を担当している教師に負担が集中しがちです。何かいい方法はありますか？ ⁴⁰

A 管理職の理解を得て，校務分掌で仕事量が適量になるよう役割分担しましょう。

GIGA スクール構想の実現に伴う業務を整理してみましょう

　GIGA スクール構想の実現に伴う業務を整理してみると，これまでの分掌にはなかった仕事が出てくることと思います。まずはどのような業務が発生するのかを書き出して整理してみましょう。一見しただけでも，情報教育を担当している先生だけで対応できる業務量ではないことがわかると思います。そして，発生する業務のうち，多くの業務は特に ICT に詳しいかどうかは関係ないことが見えてくるのではないでしょうか。

　以上のように整理していくことで，GIGA スクール構想の実現のために整備される端末等も道具の一つであり，一部の担当者だけがその管理や運用を集中的に担うべきものではないことが明確にできると思います。そのことを管理職も含めた職場全体で共通理解することが第一歩だと思います。

整理した業務が適量になるよう，校務分掌で役割分担をしましょう

　GIGA スクール構想実現のための業務が，多種多様で情報教育担当だけで担う業務ではないことが職場で共通理解できたら，後はその業務を校務分掌の中に明確に位置付けていくことが重要です。ここで担当を明確にしておかなければ，責任の所在があやふやになり，情報教育担当の教員がなし崩し的に担当することになりかねません。

　例えば，端末の保守・管理については他の備品と同様に事務職の先生の協力が必要不可欠です。また，情報モラルの指導については生徒指導部や，特別な教科道徳とも関連が深いので，その担当者にお願いできそうです。端末を授業においてどのように活用するかについては研究部で，情報活用能力の育成については情報教育の担当で担うなど，役割分担が可能です。業務が増えると感じ，負担に感じる先生もいらっしゃるかもしれません。その

校務分掌による役割分担の一例

際には，GIGA スクール構想が必要な社会的背景等を十分に理解していただけるよう，丁寧な説明も不可欠になってきます。

（島根県雲南市立木次小学校　大久保紀一朗）

教師の意識・教師の活用

Q 校務ではどのような活用が考えられますか？

A 行事の振り返りや家庭向けアンケートを，アンケートフォームで作成して集計しましょう。

「アンケートフォーム」は，1人1台端末活用に必須機能

　まず，校務での端末活用が難しい面から確認します。それは，児童の個人情報（生年月日や住所等）や成績等の情報です。1人1台端末で活用が前提となるクラウド環境で保存するのは，セキュリティ保護の観点から，基本的に難しいと考えられます。自治体の方針等によって，校内サーバや専用ソフトで管理することはあるでしょうが，これらはGIGAスクール構想とは別の文脈で検討する必要があります。

　そこで，校務で一番手軽に活用できるのが「アンケートフォーム」です（例：右図）。入学式などの各種行事について，振り返りを行うことがあると思います。こうした複数人から回答結果を集計する際，非常に便利な機能です。

　もちろん，こうしたアンケートフォームは，児童への教育活動においても，積極的に活用するべき機能です。小学校高学年であれば，児童自身も気軽に作ることができます。まずは校務で活用することで，GIGAスクール構想の1人1台端末を活用した教育活動が豊かになります。

「保護者アンケート」の活用で，家庭との信頼関係の構築へ

　行事の振り返りだけでなく，保護者向けのアンケートでも活用することができます。毎月の学校だよりに，「保護者アンケート」のQRコードを貼り付けている実践例もあります[1]。日頃から保護者の声に耳を傾けることも，アンケートフォームがあれば効率的に行うことができます。

（東京学芸大学附属小金井小学校　小池翔太）

※1　石井英真・秋山貴俊・長瀬拓也『ゼロから学べるオンライン学習』明治図書出版，2020

Chapter 2

中学校の1人1台端末活用Q&A

端末の環境

端末のセキュリティは大丈夫ですか？

1

端末の環境

情報モラル

学習規律・ルール

生徒のスキル

授業づくり

教師の意識・教師の活用

セキュリティについて整理しながら考えてみましょう。

情報管理の面で考える

　情報セキュリティは情報の「安全」のことを指します。一言で「安全」といっても様々な面からとらえることができます。まずは情報管理の面で考えてみましょう。

　筆者が勤務する学校では Chromebook を利用しています。クラウドを利用するための端末です。クラウド上での情報のやりとりについて不安を感じる方が少なくないようです。情報の流出や，情報への不正なアクセスなどが心配になるようです。

　これまで，私たちの職場では情報を伝達するのに紙媒体やデータの入った USB メモリを使って情報を管理していました。どちらも，紛失しないよう気を付けなければいけません。教員による個人情報の入った USB の紛失が報道されることもあります。紙や USB に比べれば，クラウド上での情報の紛失の可能性は極めて低いといえます。実際に勤務校では近隣の小学校との引継ぎの情報のやりとりはクラウド上で行っています。USB を使ってやりとりしていたときに抱いていた，紛失等の心配がなくなりました。

　校内のネットワークサーバーと比べてもクラウドの方が情報管理という点では安全だといえます。何かの拍子にネットワークサーバー自体がダウンした場合，そのネットワークは使えなくなります。トラブルの種類によっては不意に情報が損なわれることもあります。一方，クラウド上ではそのような心配はありません。クラウド上の情報は多層防御の原則のもとで管理されています。また，情報は暗号化されておりファイルに不正なアクセスができないようになっています。そして，セキュリティのアップデートは常に自動で行われています。ですから，情報管理の面で考えると，従来に比べて安全だといえます。

どのように使うかという面で考える

　どんなに便利なものであっても。使う人が使い方を間違えればトラブルになります。それはクラウドに限らず全てのものに当てはまります。クラウド上での共有の仕方を間違えたり，誤ってパスワードを流出させてしまったりするなど，安全に情報を扱うスキルがなければ当然トラブルにつながります。情報をどう扱うかという点については，私たちはこれからも学び続ける必要があります。

（愛知春日井市立高森台中学校　小川　晋）

**端末を家庭に忘れてきた生徒にはどのように対応すれば
いいですか？** 2

意識づけと仕組みづくりを学校全体で行いましょう。

「端末を忘れることは一大事！」と意識づけ，忘れさせないように

　まずは，生徒に忘れさせないことが大切です。学校の生活に端末が溶け込んでいくと，生徒が端末を忘れることは一大事になります。例えば，授業参加に不便な状況が起きる，課題を提出できなくなる，教師からの情報を受け取ることができなくなる，などが考えられます。端末を忘れてしまうことで，評価されるべきことが評価されない状況になることを生徒に伝えましょう。忘れてしまうタイミングによっては，生徒の進路に関わるような事態も起きてしまうかもしれません。「端末を忘れることは，一大事！」ということを学校全体で意識づけを行い，忘れさせないようにしましょう。

忘れてきたときの仕組みづくりをしましょう

　忘れてしまったときの対応は，各学校の状況によって変わります。予備の端末がある場合は，貸し出しをする仕組みづくりをすれば済みます（Chrome OS やアプリケーションを使う場合）。予備の端末が無い場合は，仕組みづくりが各学校で必要になります。筆者の勤務校も配付台数が生徒数分に限られているので，工夫しながら仕組みづくりをしています。そうすることで，生徒の学びを妨げず，教師も対応しやすく安心できる環境をつくることができます。

　仕組みづくりとして，勤務校では「忘れてしまったときの対応マニュアル」を作成しています。例えば，休みの生徒がいる場合は，休みの生徒の端末を使わせる（使用前後にアルコールシートで除菌）。授業の場合は，「話し合いのときは，近くの生徒の画面を見せてもらう」「課題を提出するときは，教師用の端末を利用する」など。生活の場面では，情報をほかの生徒に聞く，といったようなマニュアルです。そうすることで，迷うことなく指導することができ，忘れてしまった生徒も教師の指示を待つことなく行動できています。マニュアルをつくったことで，教師も安心して活用させやすくなるということを実感しました。学校の生活に端末が溶け込むことで，「忘れる」以外の問題も起きます。その都度，マニュアルをアップデートしていくことでさらに幅広く対応できる仕組みができると思います。マニュアルに限らず，各学校の状況に合わせて，生徒が安心して活用できるような仕組みづくりをしていきましょう。

（愛知県春日井市立中部中学校　本田智弘）

端末の環境

情報モラル

学習規律・ルール

生徒のスキル

授業づくり

教師の意識・教師の活用

端末の環境

 端末の機能制限はどこまですればいいですか？ 3

 ブラウザに対する最低限のフィルタリングを設定しましょう。

端末の環境

情報モラル

学習規律・ルール

生徒のスキル

授業づくり

教師の意識・教師の活用

■「セーフサーチ」と「セーフブラウジング」

　児童生徒が端末を家に持ち帰り，触る時間が増えることによって，まず心配されることは「有害なサイトにアクセスしてしまわないか？」ということではないでしょうか。これは，端末の設定を行う段階で，校区の情報担当の先生方からはもちろん，校内の先生方からもよく聞かれました。また，「課金をしてしまわないか？」や，「長時間の使用によって端末への依存が進まないか？」といった声も同様に聞かれました。上記の心配事のうち，「課金」については，Google Workspace for Education のアカウントを使用する限り，そのような問題は起こりません。一方で，「閲覧制限」と「使用時間制限」については，大人が意図して設定する必要があります。これは，保護者が子どもに端末を渡すときに「ペアレンタルコントロール」をすることと同じです。このような設定を行わないまま配布し，後で問題が起こったとしたら，学校としての責任を問われるのだと考えます。

　Google Workspace for Education では，管理コンソール（Google Admin）からどちらも制限をかけることが可能です。しかし，制限をかけすぎれば，当然不便なことも多くなります。そこで，「閲覧制限」の設定を勧めます。「閲覧制限」にも，細かく分けると二つの役割があります。一つ目は，検索クエリ（ユーザーが検索する際に使用した語句）に対する制限です。Google Chrome には，「セーフサーチ」を使用することで，ポルノなどの露骨な表現を含む検索結果を除外することができます。二つ目は，訪問者にとって有害な Web サイトにアクセスした時に，ブラウザに警告を表示させる仕組みです。Google Chrome ブラウザには，「セーフブラウジング」を設定することで，フィッシングサイトへのアクセスやマルウェアの感染を防ぐことができます。なお，Google Chrome ブラウザを例に説明しましたが，他社のブラウザでも同様の機能はあります。これらの設定は，端末の納入業者が行うことだと考える人が多いと思います。しかし，現実的には学校で行わなければならない自治体が多いと推測します。端末の機能制限やルールづくりは学校ごとに考え方が異なるため，業者や自治体に全てを任せるのではなく，教師が端末の機能制限についても一定程度理解していることは重要です。そして，児童生徒の実態に合わせて，このような機能制限も柔軟に変更することが自然な形なのではないでしょうか。 　　　　　　　　　（長野県須坂市立東中学校　北原大介）

情報モラル

チャット機能やコメント機能を介したトラブルが起きないか心配です。事前の防止策はありますか？

学習規律を整えることが大事です。その上で，ある程度触ってみる機会や時間も必要です。

「学習規律」を整える

　1人1台端末が配備されても変わらないことはあります。その一つが，学び合う集団として学習規律が整っているかということです。普段の授業でも自分本位な振る舞いをしている状況があるとしたら，ネット上での振る舞いにもそのような姿が見られるのではないでしょうか。学習規律が整っている集団であれば，チャットやコメント等のネットワークコミュニケーションの場で相応しくない投稿が見られたとしても，必要以上に心配することはありません。むしろ，そのような投稿と学級で事前に約束したルール（例えば，一人ひとりの学習に役立つように使う等）を照らし合わせたり，そのような投稿に対して「皆さんはどう思う？」と問い返したりして，自浄作用の機能を高めるチャンスにつなげることができます。また，見方を変えれば，それまで問題が顕在化していなかっただけで，児童・生徒が家庭で日頃利用しているSNSやコミュニケーションアプリの中では，同様の振る舞いや問題があるとも言えます。情報モラルは小中高および学習全般で育成を目指す学習の基盤となる資質・能力に含まれます。児童・生徒の実態に即して情報モラルを指導したり共に考えたりするように対応しましょう。

ある程度触ってみる時間は必要

　Google Workspace for Education のコアサービスと呼ばれるアプリは，共有機能を前提に作られています。Google Chat のチャット機能以外にも，Google Classroom ではコメント機能があり，Google Jamboard や Google スライド等では共同編集機能があります。つまり，どのアプリケーションを使っても「荒らし」と呼ばれるような行為（ネットワークの場に相応しくない投稿や他者への妨害行為等）は起こり得るということです。特に，使い始めは端末やアプリケーションに対する関心が高いため，上記のような行為は少なからず起こると考えた方が良いでしょう。しかし，共有範囲は基本的に学校内に限定されており，不特定多数の目に触れることはありませんし，ある程度触ってみることで慣れてくると，そのような行為は自然と少なくなります。発達段階も踏まえ，時には遊ばせたり自由に使ったりする場面があっても良いと思います。あとは個別の対応になります。これも端末の有無に関わらず教師の役割として変わらないことだと考えます。　　　　　（長野県須坂市立東中学校　北原大介）

情報モラル

 設定を勝手に変更しようとする生徒がいます。
どのように指導していけばいいですか？

5

 守るべきこと，議論すべきことを分けながら，考える良い機会にしましょう。

端末の環境

情報モラル

学習規律・ルール

生徒のスキル

授業づくり

教師の意識・教師の活用

守るべきところはしっかりと伝え，守らせることが大切

　文部科学省（2020）[1]では，端末活用のルールが例示されました。その中に，設定を勝手に変更してはいけない旨の表記が見られます。元々，GIGA スクール構想により自治体から配付された端末や，学校の公費で購入した端末は，生徒に貸与するかたちで設置されています。つまり，端末は私的なものではなく，公的なものであることを子どもたちにしっかり認識させることが大切です。また，設定の勝手な変更は学習に支障が生じ，困るのは自分であることを認識させることも大切です。この指導をまずは端末開始前に生徒全員に行う必要があります。

議論の余地がある場合は相談してルールを決める良い機会に

　その上で，設定を勝手に変えてしまう生徒がいるとしたら，まずは理由を聞いてみましょう。子どもは端末を使うときは好奇心をもっていろいろやりたくなるものです。また，今は家庭でゲーム機やタブレットなどの機器に触れる機会が多いことから，無意識に家庭にある端末と同じように扱ってしまう生徒もいるかもしれません。「規則だから」といって決まりを頭ごなしに押し付けたり，指導したりすることは適切とは言えません。もしかしたら，生徒から思わぬ便利な設定について提案されるかもしれません。教師と生徒が情報機器の取り扱いについていっしょに考えていく良い機会と考えて良いでしょう。また，今後このような問題はたくさんあがってくることで，今日的な課題でもあります。中学生であれば，学級活動や生徒会活動で議論する機会を設けたら良いと思います。ただし，大事な視点として「学習に支障が生じないか」，「セキュリティや機器の安全性を脅かすものではないか」は外さないようにしたいところです。

　ここで一つ例を挙げます。壁紙の変更は指導すべきでしょうか？　学習の妨げになるとは言えませんし，自分の端末という所有感を出すためには悪くないように思います。むしろ，その壁紙をチラッと見ることで学習にやる気が出るならプラスの効果です。自由に設定して良いように思いますが，皆さんはどのように考えますか？　是非校内で議論してみてください。

（新潟県三条市立大島中学校　山﨑寛山）

※1　文部科学省(2020)「『GIGA スクール構想の実現に向けた調達等に関する状況調査』の速報値公表及びそれを踏まえた ICT 環境整備の加速化に係る対応策について（通知）」https://www.mext.go.jp/content/000091771.pdf

学習規律・ルール

Q 中学生へのルールはどのように決めていけばいいですか？

A 目標達成のためのルールづくりをしましょう。

規制のためのルールづくりにしない

　ルールは発達段階や学校の実情に合わせて，臨機応変に形を変えて良いものだと考えます。その中でも学校現場で共通の認識として大切なのは，『学習のため』のルールであるということです。中学生には，その使い方が本当に学習のためになっているのかを常に考えさせていくことが大切です。端末を文房具としてとらえれば，目的あっての使用であることは明確です。ただ，はさみやカッターのような刃物を安全に使用するには，正しい使い方を身につける必要があります。端末も同様に考えれば，安全に使用するためのルールは必要になってきます。ですから中学生の発達段階では「～をしてはいけません」という禁止事項よりも「～のように使っていきましょう」という前向きなメッセージを伝えていきましょう。子どもたちは，端末が生活をより豊かにするための存在である，ということを実感できると思います。

私の学校では，こうルールをつくりました

　情報教育の目標を『情報発信者になろう』と設定し，身につけたい３つの力を定義しました。この３つの力の育成のためにそれぞれルールを設けました。例えば，「正しい知識と情報スキル」ではインターネット上の情報を鵜呑みにしないこと。「自己管理能力」では，生活リズムを悪化させないためにも○○時間以内に利用を制限すること。「社会の一員としての自覚」では，授業内での学習のまとめをしている場面で引用元や参考文献等をしっかり明記すること等です。このように，学校で生徒に身につけたい力の育成のためや，生徒が目標達成するためにルールづくりを行っていくことが中学生の学びにつながっていくと考えます。最後に，学校として，児童や生徒を守るための最低限のルールは必須だと考えます。特にフィルタリング機能は，自治体または学校が責任をもって設定し，悪意のある有害サイト等から児童生徒を守りましょう。本校では，端末を適切に利用するために生徒向けの情報ハンドブックを制作しました。生徒，教員，家庭の三者がともに必要なルールを確認しながら情報推進していく必要があると考えます。

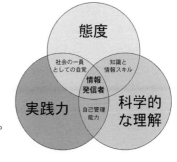

（長野県屋代高等学校附属中学校　児玉太平）

学習規律・ルール

Q 授業中は教師の指示があったときのみ，利用を認めたほ
うがいいですか？

7

A 教師は児童生徒のリクエストに応じて主体的な利用を認めていきましょう。

思い切って必要最低限のルールで児童生徒の情報活用の幅を広げる

　小学校でも中学校でも，端末を管理・運用する上で絶対的に必要なルールはあると思います。しかし，そのルール設定が厳しすぎると，児童生徒の情報活用能力の育成にブレーキをかけてしまうことも懸念されます。

　たとえば，「授業中のお喋りはやめましょう」と約束を決めて実践されている先生もいらっしゃるでしょう。一方で「友達と相談（意見交換）してみましょう」と展開される授業も多いと思います。時として必要になるお喋りもあるということを，教師は理解しているからです。端末の運用ルールにおいても同じように，授業を受ける児童生徒側の気持ちを考えてみてはどうでしょうか。「今，どうしても気になって調べたいことがあるのに，どうして使っちゃいけないの？」「先生に言われたときだけ使っていても面白くない」等と子どもの反発心をかってしまい，指示待ちで自分の力で考えて活用することのできない子どもにしてしまうかもしれません。

　時に子どもを信じることと，間違ったときにはそこを指導できる教師のスキルが必要です。必要となるルールを検討する際には，教師の立場と児童生徒の立場の両面を考慮し，双方によって検討を進められると良いのではないでしょうか。

「何をしても自由」ではダメ！　机間指導や履歴管理で児童生徒の実態把握を

　そうはいっても児童生徒の自由な要望には委ねられないと考える先生も多いことでしょう。その通りだと思います。そこで重要なのは，授業中の机間指導と，心配な児童生徒の端末情報の把握です。検索履歴に不適切な内容があれば，そこは教師の出るところです。

　また，実態に応じてルールづくりも再考することが大切です。はじめからルールでカチっと子どもたちを縛るのではなく，児童生徒の実態や子どもからのリクエストに応じてルールを進化させていくことが望ましいと考えます。

（長野県軽井沢町立軽井沢中学校　楜澤孝樹）

Q 8 家庭で利用するにあたって必要なルールはどんなものがありますか？

A 資料を参考に，家庭でしっかり話し合って決めましょう。

■ 家庭でのインターネット利用が多い日本の子どもたち

今の子どもたちは，生まれたときからインターネットに常時接続しているのが当たり前の時代を生きています。最近はインターネットに接続できるゲーム機やオンラインゲームで遊ぶ子どもたちが増えてきており，スマートフォンの所持率も年々低年齢化しています。近年は学校外でSNSによるトラブルが多発するだけでなく，長時間の利用による健康被害，ネット依存が疑われる子どもの増加が懸念されています。学校でも指導は行われていますが，それだけでは限界があります。

■ 家庭でのルールを話し合って決めましょう

家族で話し合って家庭のルールを決めることが大切です。子どもを守るため，そして持続可能なルールにするための一緒に話し合って作成しましょう。今回は，文部科学省発行のリーフレット「保護者のための情報モラル教室　話し合っていますか？　家庭のルール」を紹介します[1]。ルール作りのポイントや注意点が簡潔にまとめられています。

中学生は特に，SNS等による安易な情報発信をしないための約束や，利用時間を設定し，時間が来たら使うのをやめる等のルールを設定している家庭が多いようです。また，フィルタリングやペアレンタルコントロールを活用し，保護者が使用状況を把握しながら使わせている家庭もあります。大切なのは，子どもと相談しながら具体的なルールを作成することです。図のチェックリストを参考に，作成し，まずはやってみましょう。

また，定期的にルールを見直したり，教師や保護者同士でお互いのルールを情報交換し，連携したりするとなお良いでしょう。

（新潟県三条市立大島中学校　山﨑寛山）

※1　文部科学省「保護者のための情報モラル教室　話し合っていますか？　家庭のルール」
https://www.mext.go.jp/a_menu/shotou/zyouhou/1368445.htm

生徒のスキル

中学生にはどんなスキルを身につけさせればいいですか？

9

端末の基本操作，情報における INPUT と OUTPUT のスキルを身につけさせましょう。

端末の環境

情報モラル

学習規律・ルール

生徒のスキル

授業づくり

教師の意識・教師の活用

▌授業で必要になると思われる知識と情報スキル

　まずは，端末の基本操作についてです。キーボード入力をするためのタイピングスキルを身につけていくと良いでしょう。ログインするための ID とパスワード入力から始まり，様々な場面で求められるスキルです。活動の例として，楽しくタイピング練習をしたり，授業の振り返りや要約等を Google スライドや Google フォームで入力したりすることで，タイピングスキルだけでなく，学習の整理・習得にもつながっていきます。

　次に，ファイルの管理をするスキルです。自分の作成したファイルが，ローカルディスクや Google ドライブ等のクラウドストレージのどこに保存されるのかをしっかり特定できるようにします。特に 1 つのファイルを複数人で共有することが可能になるので，その仕組みと方法について理解を深めることが大切です。

▌情報における INPUT と OUTPUT のスキルについて

　端末の基本操作とともに必要になってくるのが，調べ学習（INPUT）のスキルです。単に調べ学習と言っても，情報を収集すること，分析・考察し共有すること，活用することに分けることができます。例えば，情報の収集では，検索エンジンから調べたい内容を素早く見つけ出したり，見つけ出した情報が正確であるかどうか，また有益であるかについて吟味したりすることが大切です。このスキルが高まれば，時間の短縮につながり，創造し発信する（OUTPUT）活動に時間をかけることができます。

　OUTPUT のスキルでは，まずは「自分でつくる」，次に「みんなとつくる」ことを大切にして取り組みます。表現・制作・発信において引用した情報元をしっかり明記させることで社会の一員であることを自覚させたい場面です。

　最後に，どんなに知識やスキルを身につけたとしても情報モラルがなければ，正しく活用することができません。中学生には，情報スキルの定着を図ると同時に，知的財産権等の学習をはじめとする社会とのかかわりを重視しながら学習を展開していく必要性を感じています。

（長野県屋代高等学校附属中学校　児玉太平）

Q 小学校ではどのようなことを身につけて進学してくるのですか？

10

A 情報活用能力を身につけて進学してくることを踏まえておきましょう。

小学校で身につけてくる情報活用能力とは何か

　情報活用能力とは，ICT操作スキル，情報活用スキル，情報モラル等を身につけることだととらえています。筆者は，中学校に転任する前に小学校で6年間勤めました。以前，勤務していた小学校では，ICT操作スキルとして，キーボード入力の高速化，文章作成ソフトやプレゼンテーションソフト等の基本的な機器操作について指導をしていました。情報活用スキルでは，情報の収集，収集した情報の整理・分析，その結果をまとめ・表現する活動を通して，情報を扱うスキルについて指導していました。情報モラルでは，成長段階に合わせて，教材を選び，道徳科の授業で指導しました。これらを1～6年生まで系統的に指導する計画を立てることで，6年生になると，大人と同じように端末を使いこなし，文書作成，発表資料づくり，プレゼンテーションを行うことができるようになっていました。1人1台端末の環境では，情報活用能力を身につけて，中学校に進学してくる子どもが増えてくることを想定する必要があると思います。

中学1年生の情報活用能力は，成長途中！　0からスタートではない

　小学校から中学校への進学に伴う引継ぎは，子どもの特性や成育歴についてのことが中心で，どんなスキルを子どもが習得しているかは，見逃されがちなように思います。また，小学校によっても教育方針が異なるため，一概にどのようなことを身につけて進学してくるかは，小学校次第です。そのため，小学校と連携し，新入生の情報活用能力の実態把握を行う必要があります。また，中学校の学区になっている小学校全てで，習得すべきスキルの最低ラインを設定し，中学入学時には，足並みがそろっていると良いと思います。新入生の成長を止めないためにも，小中学校が連携し，計画的に指導することを心がけていく必要があります。なお，個々の情報活用能力の学習状況を把握できる「情報活用能力チェックリスト」[1]が開発されました。Webサイトで活用可能なので，実態把握に活用してみても良いかもしれません。

（愛知県春日井市立中部中学校　本田智弘）

※1　東京学芸大学教育学講座高橋純研究室「情報活用能力チェックリスト」 https://takalab.net/?page_id=2655

生徒のスキル

高校へ向けてこれだけは身につけておきたいスキルには
どんなものがありますか？ 11

情報活用能力の体系表例を参考に，自校の到達度を確認してみましょう。

情報活用能力の体系表例をもとにスキルチェックを行いましょう

　2025年からの大学入試における出題教科にプログラミングや情報リテラシーを扱う教科である「情報」が新しい教科として追加される予定です。つまり，2021年度以降，中学生を卒業する生徒から大学入試に「情報」の試験が加わることになります。となると，中学校段階でどこまで力を付けなければならないか，高校の先生の立場では，どのような力をつけた生徒が高校に進学してくるのかが気になるところです。そこで，文部科学省より情報活用能力の体系表例が公開されています※1。このステップ5には中学校を卒業するまでに身につけておくべき能力が記載されています。中学校の場合は，教科「技術」ばかりに任せてしまいがちです。しかし，情報活用能力の育成は，本来，この体系表を元に生徒が身につけるべき力を理解し，全職員でカリキュラム・マネジメントを通して各教科・領域で育成を図っていく必要があります。

文字入力の正確さとプログラミングの基礎力が必須 ?!

　特に身につけるべき重要な力としては，素早く正確に文字入力する能力とプログラミングの能力が挙げられます。ある程度のスピード感をもって，文字を入力できることは，今後の必須スキルと言えます。体系表例では「効率を考えた文字の入力」と書かれています。

　プログラミング教育は2020年度改訂の学習指導要領に小学校段階から導入されています。中学校では「技術」の授業内で取り扱っています。高等学校では2022年度からの新設必修科目「情報I」第3章に「コンピュータとプログラミング」が入っていますので，どの言語を扱ったとしても，その仕組みやコーディングの基礎知識をもって高等学校に進学することが望まれます。

（新潟県三条市立大島中学校　山﨑寛山）

※1　文部科学省「学習の基盤となる資質・能力としての情報活用能力の育成」
　　　https://www.mext.go.jp/content/20201002-mxt_jogai01-100003163_1.pdf

生徒のスキル

 中学校ではタイピングを練習する時間がなかなか取れません。どうすればいいですか？ 12

 まずはいつでも端末を使える環境をつくりましょう。

どんどんスキルを上げる小学生

　先日，勤務する中学校区の小学校３校を訪問しました。６年生の子どもたちに中学校の様子を伝えて少しでも安心して入学してもらうことが目的でした。その際に，質問コーナーを設けて端末を使わせてみました。Google フォームで中学校生活についての質問を受け付けました。スムーズにタイピングができていました。１人１台端末の環境が整うことで，タイピングができない生徒や苦手な生徒は時間が経てば経つほど減っていくと予想されます。きっと，中学校で改めてタイピング指導をすることも少なくなっていきます。タイピングをめぐる問題は中学校では今が一番大変かもしれません。

タイピングのスピードを上げるために

　2013年，2014年の文部科学省の情報活用能力調査では，１分間の入力文字数は中学校（２年生）で17.4文字と示されています。これはまだ１人１台端末の環境でないころの数字です。今ではもっと早くなっていることが予想されます。実際，１人１台端末の環境下ではこの数字が30文字や44文字などと増加することが報告されています[1]。また，トレーニングの時間を確保した学校の生徒ほど１分間で入力できる文字量が増えることも報告されています。ですから，トレーニングの時間を設けることはタイピングのスピードの向上に役立つことは間違いありません。問題はどこでどのように時間を確保するのかということです。一番大事なことは，いつでも取り出せるところに端末があるということです。先ほど紹介した報告の中では，生徒がいつでも練習に取り組める環境にしたことで習熟が進んだという事例も紹介されています。触れるタイミングが多くなればなるほどタイピングの場面も自然と増え，習熟へつながります。総合的な学習の時間等を使って習熟にあてることも可能です。現在は，様々なタイピングソフトが世に出ており，アプリケーションをインストールしなくても Web 上で取り組めるものもあります。学校の実態に合ったものを選択し，生徒に使わせてみると良いでしょう。

（愛知県春日井市立高森台中学校　小川　晋）

※１　胡　啓慧・野中陽一（2018）「中学生のキーボード入力スキルに関する実態調査――一人一台の情報端末の活用による影響―」,『日本教育工学会論文誌』42巻，Suppl. 号，pp.153-156

生徒のスキル

 家庭で日常的に端末に触れている生徒もいて，操作スキ 13 ルに関して個人差がとても大きいです。どうすればいいですか？

 学校で端末に数多く触れるようにして，操作スキルが自然に身につく環境を整えましょう。

端末の環境

情報モラル

学習規律・ルール

生徒のスキル

授業づくり

教師の意識・教師の活用

▌子どもは端末を触って使い方を覚えます。どんどん触って訓練できる環境を

　文字入力（タイピング）の正確さと速さは練習しないと身につかないスキルでしょう。小学校段階から操作スキルを訓練し習得した力は，その子の大事な能力・技能となります。

　今では文字入力の方法も，ローマ字・かな・手書き・フリック・音声認識など様々な方法があります。右図は，1人1台端末を導入して2年経過したK中学校3年生が，端末上のワークシートに文字を入力する際にとった方法別文字入力の状況です。これらの方法は個人の扱いやすさで選択すれば良いので，学校で統一する必要はないと思いますが，一般的なローマ字入力については小学校段階から学校で指導しておきたいところです。また，操作スキルの低位な児童生徒はゲーム感覚で練習できるタイピングゲームがおすすめです。

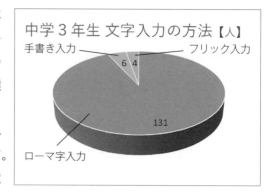

中学3年生 文字入力の方法【人】

手書き入力　6　4　フリック入力

131　ローマ字入力

▌目的達成に向けて最適な方法を選べる子どもに。その素地を培うのが学校

　端末を操作している子どもが「このボタンを押したらどうなるのかな」と疑問をもつ場面が多数あると思います。そんな場面で子どもは，A．とりあえず押してみる　B．先生に聞く　C．やめておく，子どもはどのような反応を示すでしょうか。どの答えも，それぞれ問題点があると思います。

　Aを選択した場合，結果を考えずに処理を実行してしまうことに問題があります。Bの場合，先生に聞くことで問題は解決されますが，自分で考えて最適な答えを導き出すことができません。また，Cの場合には，目的とする処理を実行せずに終了してしまいます。

　大切なことは，子ども自身が考えて選択して目的とする処理を実行するというアルゴリズムでしょう。そのスキルを身につけるには，学校という場で失敗する経験も時に必要なのではないでしょうか。

（長野県軽井沢町立軽井沢中学校　楜澤孝樹）

Q これまでの授業に端末が入ると，授業はどのように変わっていきますか？ 14

A 児童生徒が学習の共有化と効率化を図るようになります。

学習の「共有化」と「効率化」

　2020年6月に文部科学省が示した「GIGA スクール構想の実現へ」というリーフレットでは，1人1人の反応を踏まえた，双方向型の一斉授業が可能となることを「学びの深化」として紹介しています。同様に，1人1人の教育的ニーズや学習状況に応じた個別学習と，各自の考えを即時に共有し，多様な意見にも即時に触れられる協働学習を「学びの転換」としています。ポイントとなることは，学習の「共有化」と「効率化」です。事例では，遠隔での双方向型コミュニケーションを行った際の生徒の姿を紹介します。Google Meet のようなビデオ通話アプリケーションを使うことで，教室という枠組みが広がり，学校外の他者と関わることが今まで以上に簡単にできるようになりました。右下の写真は，校区の児童とビデオ通話をした様子です。小学生にインタビューすることで，対象となる相手の考えを直接知り，浮かび上がった問題から解決を目指す課題が明らかとなります。インタビューで聞き取った情報は，別の生徒たちが Google Jamboard にある付箋に記録し，マトリクスで整理していきます。このような学習過程を，同時多発的に進めることで学習の共有化と効率化を図れるようになります。

活用に慣れてきたら児童生徒に任せる

　これまでの ICT 活用では，教師が使い方を細かく制限したり指示したりしていましたが，これからは，児童生徒の自主性や判断力がより必要となります。それに伴い教師の役割も変わってくるのだと考えます。活用に慣れ，児童生徒が学習だけでなく生活全般で情報と過程の共有化と効率化を図るようになったら，必要なときだけ支援し，児童生徒に任せると良いと思います。そして，その先にある変化を教師も一緒に楽しむつもりで活用できれば，教室の風景は，社会のオフィスと同じように多様性に溢れたものへと変化するはずです。

（長野県須坂市立東中学校　北原大介）

授業づくり

Q 校内に教科担当が自分ひとりで，授業を相談できる相手がいません。情報を共有できる方法はありませんか？ 15

A 自分自身で授業を見直し，他教科の先生を頼ってみましょう。

まずは自分自身で授業を見直してみましょう

　小規模校の場合，各教科担当が一人ずつしかいないことはよくあります。同じ教科で身近に相談できる相手がいないため，授業で端末をどのように活用したら良いのかわからずに困っている先生方もいらっしゃるのではないでしょうか。インターネット等を見ると様々な先進校の活用事例などが上がっていますが，こういった学校では下積みがあって，ハード面，ソフト面の環境も違うため，なかなか同じようにはいかないことが多いです。誰かに相談する前に考えていただきたいことは，これまで自分がどのような授業をしてきたのかを振り返ってみることです。端末は学習活動をより効果的にするための道具の一つです。学習のねらいにせまるために，どのような学習活動を取り入れるのか。その学習活動を充実させるためにどのような手立てが考えられるのか。こういった視点から授業を振り返ります。

他教科の先生から情報共有してもらいましょう

　自分自身の学習指導について振り返ることができたら，他教科の先生を頼りましょう。まず，他教科の先生の授業を空き時間に見に行きます。指導する内容は異なっていても，端末を授業で活用している場面を参観することで，参考になることがきっとあるはずです。その時のポイントは，自分の担当する教科で同じように活用できる場面はないかと想像することです。また，教科の特性もあるため，更にいくつかの他の教科も参観すると新しい発見があります。参観後は，「どのように端末を活用したのか」「どのような目的で端末を活用したのか」等いくつかの質問をすると，更に自分の授業で活用するための手立てが広がります。その後，簡単な授業案を作成し，実践します。アドバイスをいただいた先生に参観してもらい，授業後に再検討します。こうした積み重ねをすることで，教科担当が自分ひとりしかいなくても，様々な視点から授業づくりができるようになります。

（千葉県船橋市立古和釜中学校　柳沼直人）

教科担任制により，教科による活用のばらつきが大きい です。どうすればいいですか？ 16

 クラウドの良さを職員間で共有してみましょう。

教科以外の活用場面に目を向ける

教科による活用のばらつきは当然出てきます。例えば，ある程度の活動量を生み出したい体育や美術の授業では，端末の活用に時間を割くことが難しいこともあります。教科間の使用頻度のばらつきをなくすことよりも，教科以外の活用場面を探ってみてはどうでしょう。

教師が業務でクラウドの便利さを体感する

筆者が勤務している中学校では日頃からクラウド上で情報がやりとりされています。職員会議の要項は Google Classroom に置かれています。紙を，ファイル等に綴らなくてもよくなり，文書の検索も容易になりました。以前は紙で行っていた職員間のアンケート等も Google フォームで行っています。配付や回収の手間が省けます。保護者向けのアンケートも簡略化しました。これまで全ての家庭に紙のアンケートを配って回収していましたが，担任の先生の大きな負担となっていました。クラウドを使うことで，担任の先生がアンケートの配付回収する場面も激減しました。「クラウドって便利」を感じる場面を校内のあちこちにつくり出すことが校内での活用のための大切な工夫だといえます。

教師が授業以外の教育活動でクラウドの便利さを生かす

教師自身がクラウド利用に慣れてきた時期のことでした。従来，体育館で行っていた生徒会役員選挙の演説会を「Google Meet で行いたい」という意見が係の先生から出ました。実際に行ってみると生徒の移動がなくなり，演説の時間を充分確保できることや，演説する生徒の顔をしっかり見ることができることなどから大変好評でした。

新年度に行っている生徒による通学路の確認も，かつては煩雑でした。全校生徒が教室を移動して通学団ごとに集まり，担当教師が地図を配付しながら確認を行っていました。1人1台端末の環境になってからは Google Classroom に通学団ごとの資料を置くことで所属する学級にいながら確認ができました。これも担当の先生から出てきたアイデアでした。こうした経験を重ねると，授業でも「便利だから使う」という文化が形成されていきます。

(愛知県春日井市立高森台中学校　小川　晋)

授業づくり

端末を効果的に活用した授業が思いつきません。どうすればいいですか？

まねして，気づいて，効果的に活用していくようにしましょう。

まずは，まねしてみましょう

　端末を効果的に活用する授業をするためには，様々な実践を調べて，試してみることが大切です。端末を効果的に活用した授業実践は，全国各地で行われています。本やインターネットで情報を収集したり，端末を活用している先生に聞いてみたり，思いつかない時は，自分だけで考え込まないようにすると良いでしょう。筆者自身も調べたり聞いたりして，できそうな授業実践をまねして，実践を繰り返しています。実践してみると，生徒の実態や環境が異なるため，うまくいくこととうまくいかないことがあることに気づきます。とにかくまねすることを繰り返し，うまくいったことを取り入れていけば，端末を活用した授業を自然と思いつくようになってくるかもしれません。そして，うまくいったことをさらに職場の先生や地域の先生方と共有していくと，より一層効果的に活用できる方法が思いつくようになっていくと思います。まずは，情報を様々なところから手に入れて，まねしてみてください。

効果的に活用できたかどうかを振り返り，改善しましょう

　端末を効果的に活用できたかどうかを判断する基準は何でしょうか？　これを明確にすることが大切です。判断する方法がないままに生徒に使わせても，効果的だったかどうかはわかりません。まずは，授業を行う上で，何をできるようにさせたいのかという目標を明確にし，それをどう評価するのかを考えるべきだと思います。目標が達成できているかどうかを評価することで，効果的に活用できたかが判断され，授業改善に生かされていくのです。

　端末が入ることで，授業の目標は大きく2つになりました。1つ目は，教科の目標です。教科の目標が達成されることは，最低限必要なことであり，教科の目標が達成されなければ，端末を効果的に活用できたとは言えません。2つ目は，情報活用能力の育成に関する目標です。これは，端末の扱い方や情報の扱い方などの技能に関する目標です。例えば，「△△のアプリケーションを使い，☆☆をできるようにする」という目標では，「△△のアプリケーションが使える」「☆☆をできるようになる」ことに関する到達度を設定し，評価します。設定した目標の達成状況から，端末の使い方や授業の改善をしていくことで，より効果的に端末を活用する授業を考えていくことができます。

（愛知県春日井市立中部中学校　本田智弘）

Q18 これまで ICT を使わず授業をやってきて，これからも ICT を使わず授業ができそうです。それでもいいですか？

 A 未来を創造していく子どものために ICT の活用は必要なものととらえましょう。

ICT を使わないことによる活用格差の拡大は重大。ぜひ活用を

　子どもにとって学校の先生との出会いは運命的です。出会った先生の特質にもよるでしょうが，もしその先生が「ICT が苦手だから」や「使わなくても授業はできるでしょ」といった理由で ICT を使わなかったとすると，教師によって ICT 活用の格差を広げてしまうことになるでしょう。先進的に活用した学校や先生のもとで勉強する場合と，そうでない場合と，どちらが未来を創造していく子どものためになるでしょうか。もはや ICT を使わずに授業をやってきたこれまでが通用する時代ではなくなってきています。

　筆者の勤務する中学校では，2020年4月のコロナ休業中に，家庭と学校をつなぐための ICT 活用の研修会を行いました。そこから教職員が協働し，オンライン授業づくりにむけて教科会が活性化されていきました。学校再開後の今も，不登校傾向の生徒や事情があって学級に入れない生徒に向けて，授業のオンライン配信を試みています。先生方に足りないのは経験です。ICT を活用した授業を受けてこなかった世代の先生方は，今後，積極的・推進的に ICT を活用して経験を増やしていく必要があります。その経験が確実に苦手意識を変えていくはずです。

学校の教育ビジョンを共有し，そこに ICT 活用を位置づけていく戦略を

　GIGA スクール構想の実現によって，国全体で ICT の導入が加速しました。しかし，機器は入ったものの，そもそもどう活用していったら良いかのビジョンが共有されないままでは，宝の持ち腐れで，子どもたちを前にする現場でも困惑することと思います。各自治体間や学校種間，学校間，教師間それぞれで ICT 活用の指針のようなものを検討し共有すべきでしょう。

　それを受けながら，教師個人でも ICT 活用をご自身の授業改善に照らし合わせて考えてみたらどうでしょうか。それは，これまでの指導法に ICT を組み合わせることで，より教育効果を高めていくことにつながる新しい視点です。たとえば，ICT の強みを生かして，授業の導入の場面では，ICT で前回の振り返りを行うという使い方ができるでしょう。また，主体的に学習に取り組む態度を個人内評価させるための資料を ICT で蓄積していく等も考えられます。「授業づくりに ICT を役立てる」という考え方が重要だと思います。

（長野県軽井沢町立軽井沢中学校　栩澤孝樹）

教師の意識・教師の活用

19

Q 端末が入ることにより教師の負担が増えませんか？

A 教員業務の整理・検討や見直し，現行業務の充実を図りましょう。

個人用端末の導入による業務負担の軽減について

　生徒一人ひとりに端末が導入されたことで，今まで実施していた各種アンケートや授業中の確認問題，小テスト等の自動集計が可能となりました。自動集計により，分析に至るまでの時間が高速化され，今まで以上に早いタイミングで生徒に対応することができます。この他にも健康観察や生徒指導等の初期対応が大切な事柄において ICT 活用にはメリットが大きいと考えられます。これらはもちろん，個人情報の取扱いについて十分に考慮されるべきものです。

ICT 活用による業務負担の軽減について

　ICT 活用による業務負担が軽減されるであろうことを本校の実践を例に述べていきます。

　1 つ目に，朝の打合せの時間をグループウェア機能で短縮したり，各種資料をペーパーレス化したりすることです。デジタル化されると必要な時に取り出しづらい等の声も聞かれることがありますが，必要な場面で一枚印刷をして職員黒板に貼り出すだけでも今までと同じように活動できると考えます。きちんとファイルを整理していれば，検索機能を用いることも可能です。必要最低限の書類のみは今まで通り，印刷する形が良いでしょう。

　2 つ目は，朝の時間帯の電話による欠席連絡を Google フォームで代替していくことです。入力は保護者によるものに限られるので情報は正確です。また，集計データを加工して統合型校務支援システムで運用していくことも可能です。統合型校務支援システムの導入は，文部科学省によっても促進されており，近いうちに教務系・保健系・学籍関係等の記録を一括管理し必要書類に出力できるようになります。いずれも ICT が得意な教員だけでは，ICT 活用によるうま味を味わうことはできず，みんなで取り組んでいくことで ICT の恩恵を享受することができます。また，右図のように ICT 活用によって空いた時間に新しい仕事を入れてしまうと負担感が増し，本来の生徒とのかかわりに時間に充てることもできません。空いた時間は，現行業務がより充実したものになるように検討していく必要があります。

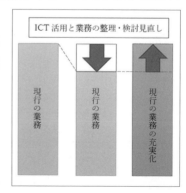

（長野県屋代高等学校附属中学校　児玉太平）

教師の意識・教師の活用

 Q 導入しているアプリケーションがたくさんあり，全部の操作を覚えられません。どうすればいいですか？ 20

A 学習者用アプリケーションを一つずつ授業で使っていきましょう。

メインの学習者用アプリケーションから使ってみる

　GIGA スクール構想の実現に向けて，自治体ごとに端末の整備に加えて，様々な学習者用アプリケーションが導入されています。あまりの数の多さに，困惑されている先生方も多いと思います。操作を覚えていくためには，自分で実際に操作してみることが一番大切です。自分で操作方法がわからない学習者用アプリケーションを授業で活用することは難しいです。まずは，Google Workspace for Education などの活用のメインとなる学習者用アプリケーションから操作してみてはいかがでしょうか。これらの学習者用アプリケーションに絞って操作を覚えることができると，授業で活用できる場面が増えます。ある程度の操作を覚えたら，実際に授業で使ってみます。実際に使ってみると，イメージ通りに使えない場合があります。その際には，細かい設定を見直してみるとその問題が解決することもあります。自分で解決できない場合は，ICT 支援員や校内でよく活用している先生に相談してみましょう。こういった積み重ねをしていくうちに，学習者用アプリケーションの特徴や操作を覚えられるようになってきます。

学校全体でスキルアップを図る

　学習者用アプリケーションの操作を覚えるために，一番効果的な方法は，学校全体で情報を共有していくことです。生徒が帰った後の職員室では，教材研究している先生方が「○○しようとしたら，うまくいかなくて」「○○を使って，○○できないかな」など，学習者用アプリケーションに関する会話をさまざまにしています。そのような会話が聞こえてきたときには，その会話に参加してみましょう。そのときには，直接役に立たなかったとしても，何かふとしたときに役に立つことも多いです。また，少人数で静かに話をするのではなく，周囲にいる先生にも「～のとき，○○先生ならどうしますか」等，会話を広げていくと，新しいことを学べるチャンスが増えます。また，自分からも積極的に情報発信することで，学校全体でスキルアップを図ることができるでしょう。

（千葉県船橋市立古和釜中学校　栁沼直人）

端末の環境
情報モラル
学習規律・ルール
生徒のスキル
授業づくり
教師の意識・教師の活用

教師の意識・教師の活用

21

校務ではどのような活用が考えられますか？

端末の環境

情報モラル

学習規律・ルール

生徒のスキル

授業づくり

教師の意識・教師の活用

 各自治体のルールに従いながら，できそうなところから活用してみましょう。

ネット上には校務での活用事例がたくさんあります

授業だけでなく，学校の校務でも様々な活用が可能です。職員会議や職員朝会での情報共有，連絡事項を載せる取組が紹介されています。文部科学省が1人1台端末の利活用推進のために作成したWebサイト「StuDX Style」に実例が多数載っています。

チャット機能を活用した職員間の情報共有の実践

今回は，Google Workspace for Education のアプリ Google Chat を活用した事例を紹介します。学校には職員間で連絡すべきことがたくさんありますが，それらを全て毎回職員朝会や職員会議で連絡すると膨大な時間が取られ，子どもと触れ合う時間が少なくなります。そこで，この Google Chat を導入したところ，情報共有の時間短縮と効率化を図ることができました。

使い方は簡単で，Google Chat でルームを作成し，参加したい教職員のアカウントを登録，認証するだけです。校内の職員が1つの電子掲示板で情報共有するイメージです。

学校に到着した職員は，各自の端末で職員朝会が始まるまでに必ず Google Chat を開き，朝会前までに新着記事に目を通しておくようにします。これで，職員朝会は大幅に時間が短縮できます。また，非常勤講師等，職員朝会に参加しない職員は，自身のスマートフォンにアプリを入れ，アカウントを設定することで，学校外からも閲覧できるようにします。プッシュ送信機能をオンにすれば，新着記事は即時に通知も可能です。また，記事には資料を添付可能なので，例えば計画が記された PDF ファイルやインターネット上の資料であれば URL などを貼り付けることも可能です。ただし，生徒指導上の案件や個人情報が含まれる情報は，セキュリティ面を考え，載せないようにしています。

他にも Google フォームを用いた欠席連絡を取り入れることで「働き方改革」につなげることもできます。学校の実態に合わせてできそうなことから少しずつシフトしていくと良いでしょう。

（新潟県三条市立大島中学校　山﨑寛山）

Chapter 3

管理職の1人1台端末活用Q&A

Q 端末の扱いに慣れていない教員が活用していけるように
するにはどうすればいいですか？

A 日常業務での情報共有を体験してもらい，便利さを体感してもらいましょう。

まずは，便利だと感じてもらえる体験を

　1人1台の端末でクラウド活用と聞くと，端末の扱いに慣れていない教員は，「授業で使うことは自分には無理！」と，拒絶反応を示してしまいがちでしょう。しかし，そのような教員でもスマホは日常的に使っていて，ちょっとしたことを調べたり，連絡に使ったりしていることでしょう。きっと，使い始めたときは難しいとは思いながらも，その便利さを感じて，その後はいろいろと活用することになったのでしょう。GIGA 端末でのクラウド活用もこれと同じようにその便利さを体感してもらうことから始めましょう。ただし，授業での活用ではなく，日常業務での簡単な活用から始めていくことが重要です。

　まずは，同時共同編集の体験です。最初は，Google Jamboard を使って子どもたちに体験させるときと同じように，しりとりをして同時共同編集の体験をするのが良いでしょう。その後は，Google スプレッドシートや Google スライドを使い，情報共有すると良いテーマ（行事の振り返りや授業進度等）を選んで，実際に複数の教員で同時に入力をしてみましょう。容易に情報が共有できること，同時に共同編集ができることを体感できます。このような活用を日常業務で繰り返し行うことで，その便利さを体感してもらうことが一番の近道でしょう。

スモールステップで短時間の研修の繰り返しを

　これまでであれば，ある程度まとまった時間を確保し，全員が集まって研修を実施していました。しかし，不慣れな教員にとって，一度に多くのことを体験してもなかなか定着しないものですし，逆に苦手意識がより強くなってしまう可能性が高いです。そこで，会議や打合せで全員が集まった際に，その最後に少し時間を確保し，一つのことだけを体験するスモールステップの研修を繰り返していくことが有効です。

　さらに，体験したことをどんどん日常業務で活用していくことが重要です。Google Chat の体験をしたら，日常の連絡を Google Chat で行ってみることです。もちろん，Google Classroom を活用して，職員会議や校内研修の資料を共有することも重要です。このような体験の中で，授業での活用のハードルを下げ，活用イメージをつくっていくことができます。

（愛知県立春日井市立高森台中学校　水谷年孝）

校長

Q 良い実践をしている教員もいますが，どのように校内全体に広げていくといいでしょうか？

A 簡単に実践の様子を共有できる仕組みをつくり，どんどん発信してもらいましょう。

Google Chat を使って実践の様子を共有

　授業での1人1台端末でのクラウド活用の様子を知ってもらうためには，授業を直接見てもらうことが一番の近道です。しかし，たびたび他の先生の授業を見に行く時間的な余裕はありません。また，従来は実践事例集を作成していくこともよく行われていましたが，手間もかかりますし，実践がどんどん進化していく中では，その変化のスピードに対応できません。そこで，Google Chat を利用して図のように各自が簡単な実践報告を随時発信し，学校全体で共有できるようにします。授業のねらいやどのような活動をさせたのか，活用のポイントなどを簡潔に記載します。活動の様子や作成したものがわかる写真も掲載します。短い授業の様子の動画を掲載することも可能です。詳しい報告を掲載するのではなく，概要がわかる程度の報告を気軽に多く発信していくことの方が大切です。もちろん，とりあえず簡単に報告をしておいて，後日子どもたちの感想や振り返りなどを詳しく掲載することも良いでしょう。さらに，Google Chat ですので，質問や感想などを随時書き込むことで授業者との双方向のやり取りも可能です。このような方法で，対面での研修を設定しなくても，随時実践を共有することができ，校内に広めることが可能です。

Google Classroom に他の先生たちを招待

　Google Chat を使った共有の次には，Google Classroom に他の先生を招待して，授業の流れや教材を共有するといいでしょう。Google Chat での共有だけではわからなかった活用の細部や子どもたちの活動や反応の様子を随時知ることができます。もちろん教材を共有することもできますし，複数メンバーで協力をして授業づくりを進めることもできます。しかも，対面でなくクラウド上で随時作業を進めることができる利点があります。

（愛知県春日井市立高森台中学校　水谷年孝）

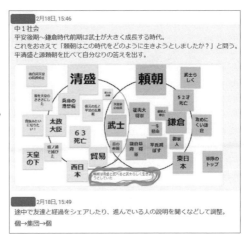

校長

市内全体で取り組んでいくには，
どのような仕組みをつくるといいですか？

3

A クラウド環境を活用した研修や研修資料の共有ができる仕組みをつくりましょう。

クラウド環境を活用した研修情報の共有と研修の実施

　新たな取り組みを始める場合は，これまでであれば集合研修を実施して，活用方法や実践事例を各校からの参加者に伝えることが行われてきました。しかし，GIGA スクール構想によりクラウド環境が整備され，わざわざ集合研修を実施しなくても，各自が学ぶための資料を簡単に提供することができるようになり，それだけでなく，質疑応答などの双方向でのやり取りも可能になりました。さらに，この仕組みを活用すれば，都合が良いときに各自のペースで学ぶことができますので，働き方改革の面からもとても良いことです。

　そこで，図のように，Google Classroom を利用して，Google Workspace for Education の活用ガイドを作成し，どの学校からも自由に活用できる仕組みをつくりました。活用を始めるにあたって作成した資料だけでなく，文部科学省，他の自治体，Google for Education 等で作成され公開されている資料や動画へのリンクも掲載するようにして，作成側の負担を軽減することも大事なことです。これまでと違い，いろいろなところで公開されている資料を共有して自分たちに最適なものを準備していくことは，クラウド環境を活用することによって新たに容易になったことの一つです。さらに，質問を受け付けたり，FAQ コーナーをつくったりして，双方向性を持たせていくことは，研修を充実させるために重要なことです。そして，この研修環境を活用する中で，単に活用方法を学ぶだけでなく，授業でのクラウド環境の活用イメージを先生たちはつかんでいくことができます。

　さらに，この研修資料作成にもクラウド環境をフル活用し，関係者が集まることなく同時協働編集で進めることで，より一層この環境を活用することへの理解が深まります。

（愛知県春日井市立高森台中学校　水谷年孝）

Q まず，はじめにどのようなことを保護者に伝えるといいですか？ 4

 A 導入の経緯をきちんと説明し必要性を理解してもらいましょう。さらに，長時間利用や故障対応等の保護者の不安を解消するための説明もきちんとしましょう。

なぜ1人1台端末が整備され活用が始まったのかの説明を

なぜGIGAスクール構想によりクラウドを活用した1人1台端末活用がスタートしたのか，その理由をわかりやすく説明して，その必要性を理解してもらいましょう。できれば，保護者の皆さんに活用体験をしてもらうといいですが，難しい場合は子どもたちが活用している様子を動画で説明し，活用イメージをもってもらいましょう。

保護者の皆さんは，スマホやゲーム機の使用状況から，子どもたちは日常的によくICTを活用していると思っている方が多いようです。しかし，日本の子どもたちは，このようなゲームやSNSなど遊びでのICT活用は世界トップですが，学習の道具としての活用は最下位とのPISA調査結果を説明し，遊びでしかICT活用ができない日本の子どもたちの現状をきちんと伝える必要があります。

これからのSociety5.0の社会では「情報活用能力」が必須の能力とされており，現在の学習指導要領でも「情報活用能力」が「学習の基盤となる資質・能力」として位置づけられました。「情報活用能力」とはどのような能力かの説明が当然必要ですが，知的生産の道具としてICTをフル活用している諸外国と比べると，このままでは，我が国の将来の状況はもちろん，各自の将来の職業選択にも大きな影響を与えるようなたいへん厳しい状況にあります。このようなことから，1人1台端末を整備し学校でのICT活用を推進し，情報活用能力育成を図っていこうとしていることを説明し，その必要性を理解してもらいましょう。

不安解消に向けた説明も必要です

ここまで説明してきたような必要性を理解してもらっても，長時間動画視聴の心配，目への影響など健康面の心配，心ない書き込みによるトラブル，個人情報の扱い，端末の破損や紛失時の対処方法や補償制度など，保護者にとっていろいろな不安があります。子どもたちとルールづくりを進め，家庭との協力を進めていくこと，端末を投げつけるなどのよほどの故意でない限り補償制度により負担を求めることはないなど，不安を解消できるような具体的な説明も当然必要です。

（愛知県春日井市立高森台中学校　水谷年孝）

教頭

Q 端末の持ち帰りをさせなくても，
家庭の端末からアクセスしてもいいですか？

A クラウドの良さを丁寧に保護者・児童，生徒・教師へ伝えましょう。

　今回の GIGA スクール構想では，1 人 1 台端末の積極的な利活用について「端末を持ち帰り，自宅等での学習においても ICT を活用することは有効である」と学校だけではなく，あらゆる場所での利活用を推進しています。今のところ，そうではない地域もありますが，各自治体の教育委員会が準備した端末を児童生徒が活用することで，1 人 1 台端末の環境が実現しています。しかし，一部の地域・高等学校や大学では，児童生徒が自分の所有する端末を活用したり，自宅にある端末を学校にもってきたりして，活用する方法を見かけます。そうした活用を「BYOD（Bring Your Own Device の略）」といい，ICT 先進国では当たり前のように浸透しています。

　その根本に端末が「自分のもの」として活用がされています。今回の GIGA スクール構想でも，端末は文房具と同じ感覚で活用していくことが示されています。今のところ，端末は各自治体が準備したことから所有権は自治体ですが，少しでも早く，所有権を学習者へ移行し自由にどこからでもアクセスし，自分の意思で端末を使って学習をしていけるようにしてくことが大切です。

　そうなってくると，家庭に端末を持ち帰らず，家庭の端末を活用して学習を進めたり，学習によって端末を使い分け，2 台，3 台所有する児童生徒も現れてくるかもしれません。そうした，学習や場所によって端末を使い分ける「マルチデバイス」環境を意識した日頃の活用を前提としていくことで，自分で自分の端末を管理するスキルを身につけさせることにもつながります。

　保護者には，ICT に詳しく学習の目的にあった端末を選べる人がいたり，そうではなく，学校で端末を一律にそろえてもらいたい人がいたりします。どのような運用が正しいのかは，学校・児童生徒・保護者と活用の目的をしっかり共有しながらそれぞれの学校の実情に合わせて取り組みを進めると良いと思います。

（愛知県春日井市立出川小学校　仲渡隆真）

教頭

Q 学校全体で取り組んでいくための仕組みはどのように構築するのですか？ 6

A 初めの一歩は，全員で丁寧に進めましょう。

得意な人だけに任せず…

GIGA スクール構想がはじまり，多くの学校では，1人1台端末に関わる研修や実践が情報担当者や校内の ICT 担当者に委ねられている現状があるのではないでしょうか。そもそも，情報担当者や ICT 担当者が，それらに堪能な人でその役を担っている学校ばかりとは限りません。1人1台端末の活用を継続的に全校体制で運用していくためには，そうした教師が中心にはなりますが，孤立させないようにしていく必要があります。まずは，学校全体で実践状況を共有する仕組みをつくり，授業や学級経営，日常の業務等での活用方法の共有をしましょう。そうした活用方法の共有から，「自分でも実践できそうだな」「便利そうだな」と思ってもらえる人が増えることで学校全体での取り組みにつながっていきます。

そして共有する内容も，「高度な授業での活用」や「得意な人しかできないような活用」ば

かりが共有されていくと，活用に不安のある人は他人事になってしまいます。まずは，簡単なことから，少しずつ難易度を上げ全体で共有できるようにしていくと良いと思います。

共有するツールは，Chromebook で言えば，Google Chat や Google Classroom が手軽で便利です。他にも，ホームページを立ち上げて活用を共有したり，校務支援ソフト

の共有掲示板のようなもので共有したりするのも良いかと思います。

ロードマップ等を活用して自分たちの現在地を知る

全校体制で取り組みを推進していくには，管理職を含めた推進役が，教師・保護者・児童生徒へその取り組みの意義や目的，取り組みの過程を可視化してわかりやすく説明する必要があります。そして，定期的に学校全体の取り組み状況の現在地を確認しながら，どのようなことができていて，どのようなことが不足しているのかの現状把握をすることで全体でも無理なく推進していくことができるようになります。学校全体で，取り組みの「ものさし」を整え，いつでも立ち返ることができるものを共有して全体で丁寧に進めましょう。

(愛知県春日井市立出川小学校　仲渡隆真)

管理職

校長

教頭

指導主事

教務主任

教頭

なかなか時間が確保できませんが，どのように研修を進めるといいですか？ 7

A 短時間で継続的に取り組める研修の設定をしましょう。

研修の方向付け

　校内研修は，管理職の立てた学校教育目標を軸にして，教務主任・研究主任・研修担当教員が中心となり研修計画や研修内容を考え，推進していくと思います。そうした推進役の教師が，様々な学校事情に応じた，研修を計画・実行できるようにしていくためには，研修が上手く回っている学校のやり方と同じような研修を計画・実行しても同じようにはなりません。そこで，学校の意識調査や実態調査を行い，必要な研修で優先順位をつけて実施していくことが大切です。自校が，教科指導における ICT 活用・情報教育・校務の情報化等どの辺りの研修を行っていく必要があるのかを方向付け，学期ごと，そして一年後のゴールのイメージを全体で共有しながら丁寧に進めていきましょう。

全体と個別でできる研修をバランス良く組み合わせましょう

　業務や日常生活の忙しさから，なかなか研修の時間を確保することが難しい，教師一人ひとりの力量が違うのでどの層にターゲットを絞って良いのかわからない。多くの人が満足する研修を計画・実行することは大変な苦労があります。

　そこで短いコンテンツを視聴してもらう「マイクロラーニング」で，自分のタイミングで時間も場所も選ばずに学ぶことができる研修スタイルを取り入れて，全体で考え方や問題解決するような全体研修と使い分けて組み合わせることができるとより効率よく研修が進みます。「マイクロラーニング」の良さは，繰り返し学習ができること，コンテンツが短いので作成・修正がしやすい，隙間時間で視聴ができることです。

　そして，研修で身につけたことを日頃の業務で発揮できるような仕組みをつくることが必要です。研修したことを繰り返し使う場がなければ，身につけたことも時間とともに忘れてしまいます。研修が研修で終わらないように研修したことをどのように活用してもらうのかまでイメージして，計画・実行していく必要があります。研修は，毎回全体がそろって実施するものという考え方から，それぞれの学校の実状に合わせてバランス良く組み合わせて行くことが大切です。

（愛知県春日井市立出川小学校　仲渡隆真）

Q 長期入院や欠席している児童生徒にはどのように対応するといいですか？ ₈

A 無理なく学びが継続できる環境を整えましょう。

　長期入院や様々な事情により短期・長期にわたり登校ができない児童生徒の一人ひとりの状況に応じて，教育支援センター，特例校，ICT を活用した学習支援など，多様な学びの機会を確保する必要があります。特に ICT を活用した学習支援については，今回の GIGA スクール構想によって，今まで以上に活用が促進されていくのではないでしょうか。これまでのそうした児童生徒への学びの機会の保障は，教師が訪問して学習プリントや学習課題の確認等を行ったり，保護者が学校へそれらを提出してもらったりすることで成り立っていました。

　しかし，GIGA スクール構想によって 1 人 1 台端末が与えられたことで，これまでなかなか実現しなかった同時双方向での授業配信や動画を活用した授業の実現が可能となりました。これまでのそうした状況にある児童生徒へのアプローチの仕方も大きく変わり，我々教師もこれまでの学びの機会のとらえ方を変えざるを得なくなってきました。

　そうは言っても，児童生徒の状況は個々に違い，全てをいきなり同時双方向での授業配信とするのはまだまだ難しい場合が多いのではないでしょうか。例えば，長期入院中の児童生徒の場合は，病気やけが等の種類にもよりますが，オンラインでの朝の会，帰りの会への参加やクラウドを活用した学習課題の提出，非同期型の教材から始めてみてはどうでしょうか。特に低学年の児童については，そうした操作に慣れている必要があるため，日頃からそうした取り組みを定期的に学習や生活場面で活用していなければできるようにはなりません。

　そうした状況に備えて，学校以外でネットワークにつなげる・オンラインを使った学習参加方法などのマニュアルをつくっておけば，活用が日常的になっていない児童の保護者へも配布でき，児童へのサポートをしてもらえると思います。

　また，今後課題になってくることは，学校に登校せずに自宅において ICT 活用での授業参加や学習活動に参加した場合は，出席とするのかどうか，学習の成果をどのように評価するのか等です。これらについて校内や教育委員会と協議しておくと良いと思います。

　そして今回の GIGA スクール構想で貸与された端末については，様々な規制が端末にかけられると思いますが，その規制がかかればかかるほどこうした状況にある児童生徒にとって使いにくくなる可能性があります。市町村によってその規制が違いますので確認して活用することをおすすめします。

（愛知県春日井市立出川小学校　仲渡隆真）

指導主事

1人1台端末になります。 これまでと何が変わりますか？

端末を「子どもたちが使うことができる環境」から「いつでもどこでも使える環境」に変わります。

GIGA スクール構想の実現によりインフラが大きく整備されます

「子どもたちとより充実した授業を実現したい」と努力されている先生方の悩みに，

・コンピュータ教室に行かないとインターネットに接続できる端末がない

・端末はあるが全員で使うには足りない

・多くの端末をインターネットに接続すると動かなくなることがある

がありました。これらの悩みは，使用できる端末数や校内のネットワーク環境の脆弱さに起因したものであると考えられます。そのため，先生方は授業進度に合わせて「コンピュータ教室や端末を予約する」必要がありました。

今回の GIGA スクール構想により，子どもたちは，自分の教室を含む学校内で端末を使用できるようになりますので，先生方の授業デザインや子どもの利用に「制限」がなくなります。

クラウドを利用すると授業の可能性は無限大に広がります

GIGA スクール構想の実現において，端末に注目が集まりがちですが，校内のネットワーク整備も同時に行われていることも大切です。端末は常にインターネットに接続されますので，クラウドを利用することが重要です。いわゆる「クラウド・バイ・デフォルト」の考え方です。クラウドを用いることでインターネットに接続できるメリットを「情報収集」に限定せず，子どもたちが協働して学ぶ「共有や共同編集」，自分のペースに応じた個別最適な学びを実現するための「学習履歴の蓄積」などに役立ちます。（長野県教育委員会　学びの改革支援課　松坂真吾）

	これまでの活用	1人1台端末環境での活用
指導法	一斉授業で，資料等を提示する等の活用が中心的であった	これまでの活用に加え，協働的な活用が中心になる
活用方法	端末内のアプリや校内サーバーを活用していた	クラウドの活用が前提となる（共同編集，情報共有が容易）
端末等	端末自体の性能が重要であった	ネットワークが高速であることが重要になる
児童・生徒	教師側で使い方を細かく制限，指示していた	児童・生徒の自主性や判断力がより必要になる
ID 等	学校ごとに決定していた	地域や自治体で共通化することで利便性が向上する

村松（2021）を参考に作成

Q10 GIGA スクール構想の実現に向けて，先生方に求められることは何ですか？

A 「クラウドの利用」×「授業改善」で授業をデザインし，実践していくことです。

まずは，使ってみましょう

長野県教育委員会が令和2年度に現場の先生を対象に行った「教育クラウドやってみよう出前講座」の事前調査で，日頃からクラウドを使っている先生の割合は，20～30%程度でした。しかし講座の中で，「IDとパスワードを入力して，どの端末からもアクセスできるメールを利用していますか」と聞くと割合は一気に増えます。クラウドを全く活用していないわけではなく，限られたクラウドサービスのみを使っている現状がわかりました。

そこで，出前講座では Google フォームや簡単な意見交換を行う Google Jamboard から使ってもらいました。回答結果の分析や情報共有の手軽さやスピード感に多くの先生が驚かれます。そして必ず，

・児童生徒の初発の考えを把握するのに便利で，課題設定しやすくなる

・自分の考えと友達の考えを関連付けることで話合いのきっかけとなる

等，授業場面を想定したつぶやきにつながっていきます。とにかく触れてみて，やってみて，慣れていきましょう。

教員の ICT 活用指導力をクラウド版にアップデートしましょう

クラウドの特徴として，常にデータが共有され，誰かが誰かの学習状況を参照し，授業においても質問や相談ができること。加えて，課題の配布や回収，児童生徒の学習進度を把握できること等が挙げられます。

もちろん，ICT 活用指導力向上の目的である，「教員あるいは子どもたちが ICT を活用して学ぶ場面を効果的に授業に取り入れることにより，子どもたちの学習に対する意欲や興味・関心を高め，『わかる授業』を実現すること」には変わりはありませんが，1人1台端末環境に応じたクラウドサービスに手段を更新していきましょう。

授業改善を行いながら，アップデートしましょう

1人1台端末環境が整った学校の授業を信州大学教育学部の佐藤先生と一緒に参観させて頂く機会を何度か頂きました。授業後の研究会で，ある授業者の先生は，「1時間全部チョーク

&トークやプリントの穴埋めする授業を構想し，1人1台端末で行おうとするとうまくいきません。黒板の板書や問題をデジタル化し端末に送って授業しているだけでは，生徒が個人で作業している感じです。だから最近は，課題の設定，情報の収集，整理・分析，まとめ・表現のように授業自体を構造化してデザインするようにしています」と発言されました。佐藤先生も「クラウドの技術的な利用の仕方のみならず，普段の学級経営や授業改善の取り組みによって子どもの姿が変化していきます」とアドバイスされていました。

　各教科等において効果的にICT端末を活用して授業を行うためには，授業設計や教材研究，授業評価の重要性を認識し，授業の中で1人1台端末を効果的に活用して授業を展開できる能力を，授業改善しながら日々高めていきましょう。

（長野県教育委員会　学びの改革支援課　松坂真吾）

指導主事

Q11 児童・生徒に端末の利用を進めていくときに重要なことは何ですか？

A まずは，「子どもたちの実態に応じたルールづくりと情報モラルの育成」と「タイピング練習」を計画的に行っていくことです。

▌問題を起こさせないことよりもみんなが気持ちよく使える工夫が大切

　導入された端末についてフィルタリングなどのセキュリティ対策は設置者によって行われ，併せて個人情報の扱いを含めたセキュリティーポリシーもクラウドに対応するべく改訂が進みます。その上で，学校や学級で大切なのは，端末の置き場所や充電の方法，クラウドID，パスワード管理の必要性などを児童生徒といっしょに考えていくことです。

　このような規律やルールは，子どもたちを縛るのではなく，誰もが安心して学習に取り組める環境をつくるためのものです。とかく導入時に多くの約束事を決めがちですが，端末の使い勝手の悪さに直結しまうと本末転倒です。子どもたちの実態をみながら，臨機応変にルールを

工夫し，改善していくことが大切でしょう。

また，情報モラルの育成についても日々の学級経営や生活指導と同様だと思います。うまくできていることは認めたり，褒めたりし，課題のあることは，繰り返し指導し，定着を促していくことです。

例えば，「クラウド内での不適切な言葉の書き込み」については，個別に指導したり，授業の際に全体でも確認したりし，「他人に迷惑をかけないこと」「目的に沿っていること」を使用の条件として提示しながら進めます。一般的なSNSに比べるとクラウド内の方が指導しやすい傾向にあり，クラスで実際に起きた事例が情報モラルを考える教材となりますのでリアリティも増します。また，生徒会の中に「ICT管理局」を設置し，生徒が主体的に取り組んでいる学校もあります。

加えて，ルールや学習規律を考える上では，令和3年3月に出された文部科学省「1人1台端末の積極的な利活用等について」[※1]がとても参考になると思います。

■ キーボード入力は楽しく練習し，スキルアップ

端末が進化し，タッチパネルになってもキーボード入力が注目されています。5インチ前後のスマートフォンのような端末ならば，フリック入力も便利ですが，10インチ以上の端末となるとキーボード入力が力を発揮します。

先行して画面タッチ操作のできるキーボード付き端末を導入した中学校では，導入から2週間くらいはタッチパネルで操作する姿が多く見られたそうです。しかし，2ヵ月もするとほとんど画面に触らなくなり，4ヵ月するとほぼ全員がキーボードで操作するようになったそうです。担当の先生は，「毎日使うようになると自分から入力速度と精度を求めるようになる」とおっしゃっていました。キーボード入力についてその学校では，タイピングゲームを休み時間に推奨し，1分間に40文字を目標に楽しみながら計画的に取り組んだようです。

タイピングのスキルが向上すると，思考を妨げない入力が可能になり，画面と顔の距離も安定してくるなどの良い効果も得られます。今後は，CBTの導入も検討されていることから，是非身につけたいスキルです。

（長野県教育委員会　学びの改革支援課　松坂真吾）

※1　文部科学省「（通知）GIGAスクール構想の下で整備された1人1台端末の積極的な利活用等について（令和3年3月12日）」https://www.mext.go.jp/content/20210414-mxt_jogai01-000014225_001.pdf

教務主任

Q 何をどうしたら良いか，全くわかりません。

A アンテナを高くして，情報を積極的に得るようにしましょう。

　端末がドーンと入ってきたは良いけれど何をどうしたら良いか分からない。これは多くの学校が同じ思いをおもちだと思います。まず，情報を得るところから始めましょう。誰かが情報を与えてくれるのを待つのではなく，積極的に情報を集めましょう。2つご紹介します。

文部科学省「StuDX Style」

　文部科学省が展開する，児童生徒1人1台端末の利活用を推進するためのWebサイトです。『全国の教育委員会・学校に向けて，「すぐにでも」「どの教科でも」「誰でも」活かせる1人1台端末の活用方法に関する優良事例や本格始動に向けた対応事例などの情報発信・共有を随時行っていく』の通り，様々な事例が具体的に紹介されていて，すぐにでも学校に取り入れることができそうです。(https://www.mext.go.jp/studxstyle/)

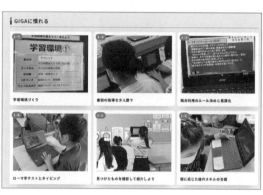

YouTube チャンネル

　1つ目は「Google for Education」です。たくさんの動画があり選ぶのに困るほどです。その中にある動画「[20/12/26開催] GIGAスクール構想実現に向けたオンラインセミナー～実証プロジェクトから学ぶ，導入直後・導入初期の利活用～」はとてもお勧めです。先行導入された学校が，何から取り組み，何に悩み，どう乗り越えていったかが具体的に紹介されています。(https://youtu.be/lag4DIZkmoM)

　2つ目は「GIGAch（GIGAチャンネル）」です。青山学院中等部数学科講師の安藤昇氏が教育向けの最新ツールやガジェットをとても分かりやすく紹介しています。Google Workspace for Educationを学校で使っていく解説動画だけでなく，使っていて困ったこと，ちょっとしたコツも紹介されています。Q15で示している100円ショップのBOXもここで知ったものです。(https://www.youtube.com/c/gigachannel2020)

（山梨県南アルプス市立落合小学校　望月　健）

Q 第1段階として，何から始めればいいですか？ ^13^

A 職員のクラウド体験，共同編集体験から始めましょう。

クラウドの良さや共同編集の良さを口でいくら伝えても，1つの体験には敵いません。先生方がクラウド体験や共同編集体験をすることで「便利だな」とか「楽しいな」と思っていただける，そのようなことから始めると良いと思います。

▌私はこうしています

昨年度の職員会議で，先生方の意見を聞く場面が出ました。意見が出にくいと考え，Google Workspace for Education の共同編集アプリの1つである Google スプレッドシートを用意しました。共同編集のリンクをクリックするだけで，皆さんが同時に意見を書き込め，お互いの意見を見ることができます。とても短時間で意見を集めること，意見の傾向などを見ることができました。

本校には，職員打ち合わせ時間短縮のために，文書作成ソフトに連絡を書き込む「連絡シート」がありました。とても便利でしたが，職員室でしか情報にアクセスできない，職員室の端末でないと情報にアクセスできない，誰かが文書を開いていると開けない・書き込めない等の不便さがありました。

そこで，連絡シートをクラウドの Google ドキュメントに移行しました。そのことで，いつでもどこでもどの端末からでも情報にアクセスでき，書き込みもできるようになりました。とても便利だと先生方に大好評を頂いています。

また，放課後に別の教員から Google Workspace for Education の相談を受けた際に，双方向ビデオ通話である Google Meet を使ってみました。時間さえ決めておけば3階から職員室まで戻る必要がありません。チャット機能を使ってリンクを送ったり，画面共有をすることで具体的にやり方を伝えることができたりなど，「これまでの打ち合わせの概念が崩れました」と相談の先生は言ってくれました。　　　　（山梨県南アルプス市立落合小学校　望月　健）

教務主任

Q 14 職員が授業で使うようにしたいのですが，何から始めればいいですか？

A 校務の効率化で経験したことを，授業で生かすようにしましょう。

　最初からいきなり授業となると先生方も不安になりますよね。そこで，先生方が担当する校務で生かすことから始めて手法を少しずつ身につけていくようにしましょう。そして，身につけたことを授業に生かすようにすると，先生方の不安感も軽減できるかと思います。

　学習指導要領（平成29年告示）総則に「学習の基盤として必要となる情報手段の基本的な操作を習得するための学習活動」とあります。習得のための時間を計画的に確保しつつ，子どもたちが ICT 活用スキルを身につけられるよう，先生方の負担も考慮しながら，少しずつ着実に進めていきましょう。

▌私はこうしています

　まず職員同士で Google Classroom を作成し，連絡のやり取りから始めました。Google Classroom は活用の土台となるアプリです。ここで身につけたことを校務に生かし，そして授業に生かしていくという流れになります。

《給食委員会の先生》

　研修で身につけたことを生かして「給食委員会」の Google Classroom をつくり，委員会の子たちだけを「招待」，そして放送で読む原稿の資料作成ができました。連絡や原稿のやり取りがとても便利になったと言ってくれます。

《体育主任の先生》

　職員研修での Google フォームのアンケート作成を生かして，体力テストの健康実態調査をつくりました。Google フォームをつくることにより，大幅な労力の軽減になっただけでなく，作成の仕方や共有の仕方等が身につき，活用できるようになりました。

《4年生の先生》

　同様に Google フォームのアンケート作成を生かし，国語の授業に活用をしていました。4年生の子どもたちが端末でアンケートをつくって最後に発表する姿に，確かな手応えを感じている様子でした。紙ベースでアンケートを行うより遥かに負担軽減になったことは言うまでもありません。　　　　（山梨県南アルプス市立落合小学校　望月　健）

Q 日々の準備に時間がかかります。工夫できることはありますか？

A 児童生徒に端末を使わせる，段取りよく効率的なしくみをつくりましょう。

■ しくみとは「段取り」と「効率」です

　教室の一箇所で端末を充電している学校では，子どもが一斉に取りに行くと大混雑になり時間がかかってしまい非効率的な状態になります。児童生徒が段取り良く効率的に動けるしくみをつくっていくことが端末導入期には必要です。

■ 私はこうしています

　電源キャビネットにある全端末に番号シールを貼りました。また，電源コードに番号入りの結束バンドをつけました。これで，電源キャビネットを教師が開けたら，

《端末を出すとき》
①自分の出席番号の端末を，②出席番号のついているところから，③出席番号の電源コードを外して，④持っていく
《端末をしまうとき》
①自分の出席番号の端末を，②出席番号のついているところに，③出席番号の電源コードをつけてしまう
としました。低学年にわかりやすいと好評です。なお，机の横には100円ショップで購入したBOX をつけてあります。この BOX があると，

(1)朝：子どもたちが登校してきたら，朝の支度をし，支度が終わった子からキャビネットに端末を取りに行って，机横の BOX に入れる。

(2)日中：そのまま BOX に入れておき，必要なときに取り出して使って，使い終わったらまた BOX に戻す。

(3)帰り：帰りの会で何かキー打ち（今日一日の感想とか）をし，終わった子から充電に戻しに行く。

とスムーズなやり取りができています。バッテリーに余裕あるなら BOX に入れっぱなしでも良いと思います。

(山梨県南アルプス市立落合小学校　望月　健)

Chapter 4

1人1台端末をもっと使いこなすためのQ&A

もっと使いこなすために

1人1台端末をもっと使いこなすためのヒントはありますか？

1

はじめの一歩を大切に，できることを増やしていきましょう。

もっと使い
こなすために

見方・考え方
の働かせ方

情報活用能力
・思考ツール

STEAM・
プログラミング

学級経営

ネットワーク整備
・運用・トラブル

■ 導入期で大切にしたい5つの活用シーン

　文部科学省では，GIGAスクール構想により整備された新たな機器等を，文房具や教具と同様，日常的に活用していくイメージを各設置者や学校現場の先生方にもっていただけるよう，先進的に実践を進めてこられた自治体・学校の実践事例等について，特設ページ「StuDX Style」を通じて発信しています。本サイトでは，「すぐにでも，どの教科でも，誰でも活かせる1人1台端末の活用シーン」として，図のように5つのシーンを紹介しています。

　まずは，「GIGAに慣れる」シーンです。学校に1人1台端末が届いても，使いこなすためには，まず道具に慣れることが大切です。文房具を使い始めることと同様に，どんな使い方ができるのかを知り，試し，「こんな使い方ができそうだ」と実感を積み重ねていくことで，手に馴染む道具になっていきます。日々の授業や学校生活に照らし合わせ，「まずはここから始めると良さそうだ」という事例から試してみることが考えられます。

　次に，「教師と子どもがつながる」「子ども同士がつながる」「学校と家庭がつながる」「職員同士でつながる」の4つの「つながる」シーンを紹介しています。1人1台端末を活用する際，ネットワークを通じて共同編集を行ったり，資料を共有したり，簡単に連絡を取り合ったりするなど，クラウド環境を生かした活用が考えられます。クラウド環境は，瞬時に相手の意見が反映されたり，自分が作業していなくてもデータが同期されたりするなど，これまでとは違う新しい使い方を考えることができます。本著にもある事例についても，このような「慣れる」「つながる」視点からご覧いただくと，もっと使いこなすためのヒントがたくさん見つかると思います。

StuDX Style（https://www.mext.go.jp/studxstyle/）

（文部科学省初等中等教育局教育課程課　堀田雄大）

もっと使いこなすために

自分の使いやすい設定にする工夫はありますか？

「学びに使う自分の道具」という意識が高まるようにしましょう。

もっと使いこなすために

見方・考え方の働かせ方

情報活用能力・思考ツール

STEAM・プログラミング

学級経営

ネットワーク整備・運用・トラブル

■ ブックマークを登録する工夫

「よくアクセスするサイト」「よく使う機能」「よく使うショートカット」のように，児童生徒が自分の端末をより使いやすく工夫していくことで，効率的・効果的な使い方を考えやすくなります。例えばすぐにできる工夫として考えられるのが，ブックマークの登録です。

ブックマークは，お気に入りのページを記憶させ，すぐにアクセスできるようにする機能です。確認したい情報や必要な情報へのアクセスをスピーディに行うために有効です。また，速さだけでなく，自分が使いやすいように様々なカスタマイズを加えていくことで，学びに使う道具として愛着をもたせるきっかけにもなります。本事例では，よくアクセスするサイトとして，キーボード入力の練習サイトや，学級の係活動で参考にしているページ等を登録しています。

■ 使いやすい設定にカスタマイズ

使いやすい設定を考えさせることで，児童生徒は，学習するための自分の端末であることを意識するようになります。素早く情報を参照したり，学習者用アプリケーションを起動したりすることができるように，自分の使いやすいようにカスタマイズを考えられるようにすることで，より良い使い方を考えるきっかけになります。児童生徒たちの活用状況に応じて，それぞれの使い方（ブックマークの活用など）を学級で紹介し合う活動も考えられます。

（文部科学省初等中等教育局教育課程課　堀田雄大）

もっと使いこなすために

Q3 活用に慣れてきたら，次はどんなことをすればいいですか？

A 慣れてきたら，近くの学校や親交のある学校とつないでみましょう。

▌課題意識を共有し，「できること」を広げる工夫

　時間的・空間的な制約を超えて学習を考えていくことができることも，ICT活用の良さです。例えば本事例のように，「プログラミングの授業を行いたいけれど，プログラミングソフトの機能についてはあまり自信がない」といった場合，得意な人や頼れる人に授業のお手伝いをしてもらうことも可能です。本事例は，このような場合において，小学校の授業に中学校の先生をオンラインで招待し，一緒に学習を進めていけるようにしたものです。

　中学校の先生とは事前に指導計画を共有し，授業時間に合わせてオンライン会議に参加してもらいます。大型ディスプレイの上にカメラを設置し，教室全体を俯瞰できるように準備しました。中学校教員の操作するスクリプトエリア（プログラミングのコードが示されている場所）を大きく映し，スモールステップで学習が進められるようにしました。

　中学校の先生に遠隔で一斉指導を行い，プログラムをどのように入力するのか確認します。この時，学級担任は机間巡視しながら個別支援を行います。うまく役割分担を行うことで，45分の授業でほとんどが自分のプログラムを組むことができました。

　本事例はオンラインで小中連携を図り，子どもたちの学びを支援することができる授業の形です。学習を進める中で出てきた疑問や考えを中学校教員に直接聞くことができる場は，とても貴重です。また，学習を通して学んだ成果を聞いてもらい，意見をもらうことも学びを深めることにつながります。普段は聞けない専門的な話を聞くことで，児童生徒の興味関心が高まり探究的な学びを展開することにもつながります。

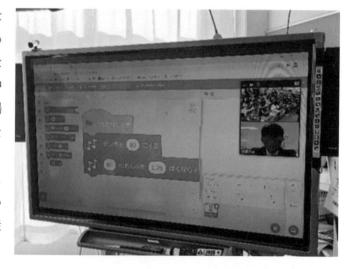

（文部科学省初等中等教育局教育課程課　堀田雄大）

もっと使いこなすために

 より良い使い方を考えていくために，
どういったことから始めればいいですか？

 日常的に行っていることを置き換えてみるところから始めましょう。

「○○するともっと使えそう！」という声を広げる

　3つの事例を紹介します。1つ目は，日々書き溜める学習カードをアンケート機能を使ってデータで蓄積した取り組みです。2つ目は，児童生徒が毎日の振り返りの記述を，表計算ソフトに入力して蓄積する取り組みです。3つ目は，授業研究後の協議会の記録についてアンケート機能を用いて入力し，意見を集約する取り組みです。これまでを振り返ると紙で集めたり，付箋に貼り付けてまとめたりしていたものです。

　3つの事例は，日常的に行っていた業務を少しずつデジタルに変えていった経緯があります。「集めるのをもっと効率的にできたらいいな」「紙だと無くなってしまいそうなものを，劣化させずに保管しておけたらいいな」という声を基に，デジタルに置き換えていくことで，より良い活用方法が見えてきます。日常的に行っていることなので，詳しい手順や改善したい点も具体的にイメージしやすくなります。

　日常的に行っていたことが便利になったり，より良い使い方になったりすると，使い慣れるうちに「○○すればもっと使えそう」という声が生まれてきます。必要に応じて紙とデジタルと組合せながら，より良い使い方の工夫を考えていくことが大切です。

（文部科学省初等中等教育局教育課程課　堀田雄大）

もっと使いこなす

もっと使いこなすために

見方・考え方の働かせ方

情報活用能力・思考ツール

STEAM・プログラミング

学級経営

ネットワーク整備・運用・トラブル

見方・考え方の働かせ方

Q 見方・考え方を働かせるとはどういうことでしょうか？ またそのために，1人1台端末はどう役立ちますか？ 5

A まずは汎用的な見方・考え方から。ICT は下支えに活用しましょう。

もっと使い
こなすために

見方・考え方
の働かせ方

情報活用能力
・思考ツール

STEAM・
プログラミング

学級経営

ネットワーク整備
・運用・トラブル

▌見方・考え方を便利と心から思っているかどうか

　見方・考え方は，思考の道筋といえます。例えば，何かアイディアを練る際に，見方・考え方を駆使することで，漏れや抜けが少なく，筋道の通った深い考えを得やすくなります。児童生徒に主体的に考えさせようと思ってもうまくいかない経験をおもちだと思いますが，それは単に知識や経験の不足だけではなく，どう考えて良いか分からない，つまり，見方・考え方を働かせられていないとも言えます。

　このような特徴が見方・考え方にあるとすると，もし先生が見方・考え方を学びたいと思ったとき，本稿や学習指導要領などで見方・考え方を学んでも，本質的に分かったことにはなりません。個別の知識としてではなく，実行可能な知識として，つまり，日常生活の中で，思考を深める技の一つとして常に働かせているか，便利だと心から思っているかがポイントになるでしょう。日常の問題解決の際に，効果的に見方・考え方を働かせ，深く考察できた際は，ちょっとした感動ですので，その感動を児童生徒に伝えていくことになります。

　さらにこのように考えていくと，複雑なことをいきなり働かせ，うまくいって，感動したりするのは不可能ですので，まずは大雑把に，おおらかに理解していくことが重要となります。

　そういった意味で，本稿での解説は，学習指導要領の通りではない部分もあります。普通ならば，見方・考え方のうち，見方とは…，考え方とは…，各教科等において…，と細かく解説をしていくべきでしょう。しかし，学習指導要領をお読みになって，心から理解できている方には本稿は不要でしょう。したがって，これまで数多くの研修を受けているけども，いまいちピンと来ていない先生方に向けて，私が味わった便利さをお伝えしようと，大雑把に，変化球的に示していきます。

▌例題）しらすと大根のシャキシャキサラダの特徴を10個以上挙げよ

　この例題をどのように考えるでしょうか。「しらすが入っている」「大根が入っている」等々，写真を見たり（図1），目をつぶって思いつく限りを挙げていきましたでしょうか。

　こうした手法をとる方が多いかもしれません。これでは念力に頼っているのと同じです。運良く10個以上の特徴を挙げられるかもしれませんが，多分に運に頼っているといえます。或い

は，仲間とワイワイやれば良いアイディアが出
てくるとおっしゃるかもしれません。確かに，
どんどんアイディアが出てきます。ただ，こう
した単純な例題だとそれで良いかもしれません
が，もっと難しい課題の場合は，話が拡散しす
ぎて困った経験があるのではないでしょうか。

図1　特徴を挙げよと言われたら

　まず，どのような道筋で考えていくかを検討
することが必要です。つまり，どのような見
方・考え方を働かせながら考えるかを決めます。
　例えば，「教科」でこのサラダを見ていった
らと考えてみます。国語的に見れば，名称にシャキシャキという歯触りを表す表現が入ってお
り食べたくなるとか，社会的に見れば，産地で考えれば山のものと海のものが混ざっていると
か，算数的には重さや体積で測れそうとか，家庭科で見れば，栄養のバランスは…，おいしく
感じる盛り付けだとか，教科等で見てみると考えるだけで，次々とアイディアが出てくると思
います。仲間とワイワイと意見交換する場合であっても，こうした観点があれば議論が焦点化
されて，漏れや抜けが少なく，筋道の通った深い考えを得やすくなると思われることでしょう。
　非常に単純化するならば，観点を決めて考える，この際の観点が「見方・考え方」と言えま
す。見方・考え方を働かせるとは，適切な観点を決めて考えていくと言い換えることもできま
す。

▌例題）バナナとリンゴを比べると何が分かりますか

　「味が違う」「形が違う」「色が違う」と，違いばかりを挙げる方が多いかもしれません。講
演等で問うても大抵，「比較＝違い」と考えている先生が多いように思えます。
　比較とは，「違うこと」「同じこと」「似ていること」などを見つけることです。したがって，
「違うことは味，形，色などで，同じことは両方とも果物で，似ていることは甘いことです」
のように観点別に答えることができれば，上手に比べられていると言えます。
　つまり，この問いに対して，仮に違うことのみならず，同じことも言えたとしても，こうし
て意図的に見方・考え方を働かせながら答えたかどうかで，質的には全くレベルが異なること
になります。このあたりが，見方・考え方の理解を難しくしているかもしれません。
　子どもから見れば，同じ解が得られたのだから，何が悪いのだと思うかもしれません。ただ，
深く考えるとは，見方・考え方をうまく働かせたりすることであり，思いつきで正答を求める
のではなく，ずっと先を目指すものだと思います。主体的・対話的で深い学びの「深い学び」
で，見方・考え方を働かせることを重視しているのは，このことも言っているのです。
　まずは，「比較」のようなできる限り汎用的な見方・考え方から始めてみるのが望ましいと

もっと使いこなすために

見方・考え方の働かせ方

情報活用能力・思考ツール

STEAM・プログラミング

学級経営

ネットワーク整備・運用・トラブル

いえます。例えば「分類する」「関連付ける」といったものも，全ては「比較して分類する」「比較して関連付ける」と言い換えることができ，比較は全ての基本です。「多面的に考える」という見方・考え方であっても，「多面的に比較する」と同義といえます。したがって，まずはこの「比較」が上手に扱えるかがポイントとなります。これができるようになるとあらゆることが，次々と思いつくようになります。

「比較」は，小1の長さを比べる学習，小3の理科，中1の国語と，あらゆる学年や教科で何度も学びますが，先のバナナとリンゴの例のように大人になっても上手にできない人が大勢います。我々は，どうしても教科内容の指導に熱心になり，こうした汎用的な学び方の指導は十分ではない歴史があるからと言えます。

もう一つ，重要な問題があります。講演等でベテランの先生に答えてもらおうとすると，「『比べると何が分かりますか』とは，何を比べろと聞かれているかわからない」と言い返されることがあります。大学教員は発問がなっていないと…お叱りを受けます。

ただ，観点は指導者が提供すべきことなのでしょうか。観点すらわからない問題に立ち向かうときにこそ，見方・考え方を使うのです。まずは比べてみる，同じことや違うことをどんどん探してみる，たくさん比べてみる，だんだん観点が見えてきて，解決すべき問題らしきものが見えてきます。その問題らしきものを，さらに何かと比べていきます。そうして徐々に問題意識がハッキリしていきます。観点を明確にした発問に慣れた子どもに，観点から決めさせていく，こうした学習も求められているといえます。

▍事例）教科指導での汎用的な見方・考え方

図2は，春日井市立高森台中学校の体育でのゴール型の球技の目標です。「今年の目標」と書かれているのがポイントで，見方・考え方を年間の学習目標にしているといえます。生徒たちは，この見方・考え方を働かせて，ハンドボールやサッカーなどを学びます。練習やゲームのアイディアを考える際，常にこの見方・考え方を駆使しながら検討を行います。学年に応じて目標はステップアップしますが，同様の見方・考え方を使い続けますので，3年生になる頃にはかなり専門的で深い話し合いが行われています。卒業後，この生徒たちが，学校では習わ

なかったクリケット等の競技を見ても，きっとこの見方・考え方を働かせて大いに語ることでしょう。未知なることにも，学んだことを生かして対応するためにも見方・考え方が重要になります。

表1は，渋谷区立西原中学校の社会科教室の掲示の一部です。掲示は，何かを考える際に，常に見方・考え方を働かせるための工夫といえます。例えば，渋谷区の将来を検討する際に，掲示をみて，環境面や経済面から多

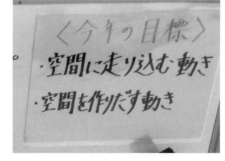

図2　体育での見方・考え方の例

面的に考えたり，子どもや高齢者の立場から多角的に考えたりすることができます。我が国の将来を検討する際も同じ手法が使えます。体育の事例と同じように汎用的な見方・考え方であれば，何度も使いますので，何度も働かせ，最終的に掲示物なしでも大丈夫になっていくことでしょう。さらに，多面的や多角的のよ

多面的に考えよう
環境面・経済面・健康，福祉面・教育面・防災，安全面などの面から
多角的に考えよう
子供・親世代・高齢者・障がい者・LGBTQなどの立場（角度）から

表1　社会での見方・考え方の例

うに汎用的な見方・考え方を働かせることは，社会科のみならず，国語，総合的な学習の時間，道徳や特別活動など様々な教科等でも活用することができます。

見方・考え方と1人1台端末はどのような関係になっているのか？

　1人1台端末の活用は，「情報の収集」「整理・分析」「まとめ」「発表」「習得・反復」の5つの活用に整理されます（高橋ら 2021）。例えば，社会科における「情報の収集」であれば，端末の画面上に表示されたグラフや表を読み取るといった活動が行われています。分解していくと1人1台端末によって全く別の学習活動が生み出されるというより，従来と同様の意図であり，端末によって，その質や利便

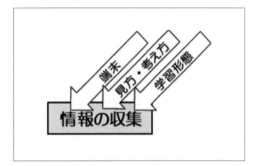

図3　端末や見方・考え方で質を向上

性を向上させようとしています（図3）。端末を使った方が，資料集より，よりリアリティのある情報に接することができるといったイメージです。

　加えて，その際に，見方・考え方を働かせることで，思いつきでの情報の収集ではなく，一層，深く情報の収集ができると考えます。さらに加えるならば，協働的に行うといった学習形態の工夫も，同様に情報の収集の質を上げると考えられます。

　したがって，1人1台端末で見方・考え方が育まれるかと言えば間接的な役割といえるでしょう。必要な情報を収集する際にICTを活用することに加えて，見方・考え方を発揮する。こうした活動を繰り返すことで，見方・考え方が育まれていく，こうした「育む」「発揮」の相互の関係の中で，ICTがそうした学習活動を下支えすると言えます。何度も試行錯誤することになりますので，下支えとはいえICTは欠かせない重要なツールです。

（東京学芸大学　高橋　純）

〈参考文献〉
高橋純・高山裕之・山西潤一（2021）「黎明期における小学校での児童1人1台PC活用の特徴」，『教育情報研究』36巻，3号

情報活用能力・思考ツール

 1人1台端末を活用して，どのように情報活用能力を育んでいけばいいですか？ 6

 指導すべきことは指導した上で，活用の機会をたくさん準備しましょう。

学習の基盤となる資質・能力としての情報活用能力

　学習指導要領において，情報活用能力は「学習の基盤となる資質・能力」として位置づけられています。情報活用能力を身につけておくことで教科等の学習が深まり，教科等の学習の中で情報活用能力が存分に発揮されることで，情報活用能力自体も高まっていきます。

　このような情報活用能力の育成には大きく分けて3つの学習内容が想定されています。1つ目はキーボード操作やインターネット上の情報の閲覧などの「基本的な操作等」，2つ目は情報を集め，それを整理・分析する，問題解決のためにプログラミングの考え方を生かすなどの「問題解決・探究における情報活用」，そして，それらの情報を活用する際に注意すべき事項に関する知識やそれを守ろうとする態度などを含んだ「情報モラル・情報セキュリティ」です。

　1人1台端末を活用して，これらの資質・能力を育てることが求められます。

情報活用能力を育てるためには

　そのような情報活用能力は，話を聞いているだけでは身につきません。3つの学習内容ごとに指導すべきことは指導し，教科等の学習の中でたくさん活用させることが大切です。

　「基本的な操作等」や「情報モラル・情報セキュリティ」といった学習内容は，まずは知識や技能の指導が必要です。タイピングの仕方やソフトウェアの基本的な操作方法，SNS利用の際の注意点などについては，教科等の学習とは別の時間でしっかりと指導することが必要です。しかし，一回の指導だけで活用できるようにはなりません。例えば，タイピングの技能はそれを教科等の学習で活用する中でより速く，正確になっていきます。

　「問題解決・探究における情報活用」は，情報をどのように集めるのか，集めた情報をどのように整理・分析するのかという，頭の中での情報活用に関する学習内容です。このような学習内容は各教科等で目標とされてきたことでもあります。情報の集め方は社会科で，情報と情報の関係づけの仕方は国語科で，データの分析方法は算数・数学で，といったように各教科等の学習内容を情報活用能力という視点から関連づけて指導することによって育成されます。

　1人1台端末を活用して情報活用能力を育成するには，各教科等の学習の中で端末を活用し，情報活用能力が発揮される機会を準備することが重要です。　　　　（鳴門教育大学大学院　泰山　裕）

Q7 1人1台端末は「思考力，判断力，表現力等」の育成につながりますか？

A 端末と「思考力，判断力，表現力等」の関係をとらえましょう。

もっと使いこなす

もっと使いこなすために

見方・考え方の働かせ方

情報活用能力・思考ツール

STEAM・プログラミング

学級経営

ネットワーク整備・運用・トラブル

「思考力，判断力，表現力等」とは何か

「思考力，判断力，表現力等」は，学校教育法において，「『知識及び技能』を活用して課題を解決するために必要な力」と規定されています。すなわち，児童生徒が教科等の知識及び技能や情報活用能力，端末を課題解決に活用できるようになることが，「思考力，判断力，表現力等」が育成された姿であると考えることができるでしょう。そのような「思考力，判断力，表現力等」を育てるためには，児童生徒が主体的に情報活用能力を発揮して学習を進める探究的な学習を多く行うことが大切です。

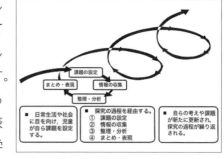

例えば，総合的な学習の時間において示されている「課題の設定」「情報の収集」「整理・分析」「まとめ・表現」といった探究的な学びのプロセスを，各教科等の学習の中でも児童生徒が主体となって進めていくことが求められます。

「思考力，判断力，表現力等」の育成と端末

このような探究的な学びを進めるために，1人1台端末を活用することができます。特に「情報の収集」や「まとめ・表現」は端末の得意な部分です。

「情報の収集」では，ネット検索によって，多様な情報を見つけることができます。文字だけでなく，画像や音声，動画といった情報も扱うことができ，観察やインタビュー等の際にも，録音・録画機能を活用すれば，体験したことを「情報」として取り出しやすくなります。

「まとめ・表現」でも，文字だけでなく，多様なメディアを使って表現することができますし，同じ文字表現でも，端末の方が文章の推敲がやりやすくなるなどの利点が考えられます。さらに，インターネット上で共有すれば，共有の相手にも制限がありません。学習の履歴や活動の様子をポートフォリオ化すれば，学習の振り返りに役立ちます。

このように，探究的な学びにおいて端末を効果的に活用することで，「知識及び技能」を活用して課題を解決するために必要な力としての「思考力，判断力，表現力等」の育成が期待できます。

（鳴門教育大学大学院　泰山　裕）

情報活用能力・思考ツール

1人1台端末で思考ツールはどのように使っていけばいいですか？

紙でやっていたときと同じように思考ツールを適切に選択しましょう。

思考ツールとは

　思考ツールとは，考えを整理するための道具です。何かを考えるときに，情報が多すぎて頭の中がぐちゃぐちゃになってしまったり，どのように考えて良いかわからなくなってしまったりしたときに，頭の中にあるたくさんの情報をある一定の枠組みに沿って書き出すことで，考えることの途中を支援するための道具が思考ツールです。

　ベン図やクラゲチャート，イメージマップなど，思考ツールには様々な形があります。授業中に児童生徒に何を考えさせたいのかを検討した上で，それにあった思考ツールを選ぶことが必要です。最近では，思考ツールの形がテンプレートになっているソフトウェアもありますが，思考ツールを活用すること自体が目的にならないようにすることが大切です。

　端末で思考ツールを活用することで，考える材料としての情報が多様になったり，思考ツールを友達と共有しやすくなったり，思考ツールを保存しておくことがやりやすくなったりするなどの利点がありますが，思考ツールで考えを整理すること自体は，紙と違いがあるわけではありません。

思考ツールを適切に選択するためには

　思考ツールには様々な種類があり，適切な選択のためには，「どのように考えさせたいか」を具体的にする必要があります。

　そのためには，思考スキル（考えるための技法）の視点から，「考える」を具体的にすることが有効です。右の表にある19種類の思考スキルを参考にすることで，授業で児童生徒に求める「考える」を具体化することができます。その上で「比較」ならベン図，「理由づける」ならクラゲチャートというように，適切な思考ツールを選択することが必要です。（鳴門教育大学大学院　泰山　裕）

思考スキル	定義
多面的にみる	多様な視点や観点にたって対象を見る
変化をとらえる	視点を定めて前後の違いをとらえる
順序立てる	視点に基づいて対象を並び替える
比較する	対象の相違点，共通点を見つける
分類する	属性に従って複数のものをまとまりに分ける
変換する	表現の形式（文・図・絵など）を変える
関係づける	学習事項同士のつながりを示す
関連づける	学習事項と実体験・経験のつながりを示す
理由づける	意見や判断の理由を示す
見通す	自らの行為の影響を想定し，適切なものを選択する
抽象化する	事例からまとまりや包括的な概念をつくる
焦点化する	重点を定め，注目する対象を決める
評価する	視点や観点をもち根拠に基づいて対象への意見をもつ
応用する	既習事項を用いて課題・問題を解決する
構造化する	順序や筋道をもとに部分同士を関係づける
推論する	根拠にもとづいて先や結果を予想する
具体化する	学習事項に対応した具体例を示す
広げてみる	物事についての意味やイメージ等を広げる
要約する	必要な情報に絞って情報を単純・簡単にする

1人1台端末や思考ツールの活用によって，育成を目指す児童生徒の姿とはどのようなイメージですか？

 「探究のプロセス」を自分で回せる児童生徒の姿をイメージしましょう。

探究のプロセスを自分で回す

これからの社会には自ら問題を発見し，それを解決できる人材が求められます。そして，そのための道具として，1人1台端末や思考ツールを活用できるようになることが求められます。

例えば，思考ツールは「整理分析」のための道具ですが，同時に「思考スキル」を身につけるための道具でもあります。思考ツールの活用を通して，「比較」や「分類」といった思考スキルを身につけ，それを課題解決のために活用できるようになることが求められます。最終的には，児童生徒が課題に合わせて自分で思考ツールを選択できるようになったり，思考ツールがなくても考えられるようになったりすることが目標です。

このように，探究のプロセスを自分で回せる児童生徒の姿をイメージし，そのための方法を指導することが大切です。

児童生徒が学習の主導権をもつ

探究のプロセスを自分で回せるようになるためには，教科等の学習の中でも，探究のプロセスを自分で回し，そのための方法を自分で選択するような機会が準備されること，すなわち，児童生徒が学習の主導権をもって進めていくことが求められます。

しかし，いきなり全てを児童生徒に任せることは難しいかもしれません。その際には，例えば，課題は先生が主導しながら児童生徒と相談をしながら決定し，情報収集の方法は児童生徒に主体的に選択させる，等のように，学習の主導権を少しずつ児童生徒に渡していく，児童生徒が決める部分を少しずつ増やしていくというような指導が必要になるでしょう。

児童生徒自身で課題を設定し，そのための道具として，端末や思考ツールを上手に活用しながら，探究的な学びを深めること，そして，教師には，そのような探究的な学びがより良く進むように必要なことは指導した上で，その発揮を促し，学習を支援するという役割が求められることになるでしょう。

1人1台端末や思考ツールによって，育てたい児童生徒の姿をイメージし，それに向かうために，学習の主導権を少しずつ児童生徒に渡していくことが求められます。

（鳴門教育大学大学院　泰山　裕）

もっと使いこなす

もっと使いこなすために

見方・考え方の働かせ方

情報活用能力・思考ツール

STEAM・プログラミング

学級経営

ネットワーク整備・運用・トラブル

STEAM 教育・プログラミング教育

1人1台端末があると，プログラミング教育にどんな変化が期待できますか？ 10

自由にプログラミングし，即座に動作を確認し，改善できる環境が整いました。

一人ひとりが試行錯誤しやすい環境に

1人1台端末が整備される前は，右の写真のように，ビジュアルプログラミング言語のブロックを紙に印刷し，それを机やホワイトボードの上で並べてプログラムを組み立ててから，その通りに端末でプログラミングする活動がよく見られました。グループで1台では，端末を複数人で操作することができないため，全員が活動に加われるようにするための配慮でしょう。

一方，1人1台端末があれば，全員が各自の端末でプログラミングでき，即座に動作を確かめることができます。一人ひとりがそれぞれプログラミングしているので，友達のプログラムと見比べて，自分のプログラムを修正することもできます。1人1台環境はこのような試行錯誤をしやすい環境であると言えます。

「1人1台環境」は「2人で2台使える環境」でもある

1人1台環境により，上記のようなメリットがありますが，2人で1つのプログラミングを進める「ペアプログラミング」にもメリットがあります。例えば，2人で協力し，お互いに相談しながら活動することで，計画的にプログラミングすることができたり，個人のICT活用スキルに依存することなく学習を展開できたりすることが挙げられます（山本・堀田2020）。

また「1人1台環境」は「2人で2台使える環境」でもあります。ペアやグループの活動では，同じ目的に対して2人で別々のプログラミングをして比較することや，1台で情報を検索しながら1台でプログラミングすることも可能です。児童生徒の実態に応じて方法を選択できることも，1人1台端末の環境が整ったからこそのメリットです。　（宮城教育大学　板垣翔大）

〈参考文献〉
山本朋弘，堀田龍也（2020）「ペアプログラミングを取り入れた小学校プログラミング授業での意識の変容に関する一考察」，『日本教育工学会論文誌』43（Suppl），pp.45-48

STEAM 教育・プログラミング教育

 1人1台端末は STEAM 教育にどのように活用できますか？[11]

 問題解決の活動の中で，大人が仕事をするときと同じような感覚で活用しましょう。

そもそも「STEAM 教育」とは？

「STEAM 教育」は「Science, Technology, Engineering, Art, Mathematics 等の各教科での学習を実社会での課題発見・解決にいかしていくための教科横断的な教育」とされています（教育再生実行会議）。また，東京学芸大こども未来研究所は，「Science：実験・観察をもとに法則性を見いだす」「Technology：最適な条件・しくみを見いだす」「Mathematics：数量を論理的に表したり使いこなしたりする」としていて，それらを生かして「Engineering：よりよい生活や社会になるよう，しくみをデザインし問題を解決する」という「S」「T」「E」「M」それぞれの関係を示しています。「Art」は，芸術という意味をもつ場合もありますが，「Liberal Arts（教養）」を指すことが多いです。科学，数学，工学といった言葉からは理系の雰囲気を感じるかもしれませんが，その限りではありません。総合的な学習の時間における「探究的な学習」ともよくなじむ考え方です。

STEAM 教育における1人1台端末の活用

「探究的な学習の過程」の，「課題の設定」「情報の収集」「整理・分析」「まとめ・表現」に沿って考えてみましょう。「情報の収集」では，インターネット検索など，「整理・分析」では，表計算ツールなど，「まとめ・表現」ではプレゼンツールなどは，相性が良いでしょう。もちろん，プログラミングも有効なツールになります。「まとめ・表現」では，何らかの問題を解決するようなプログラムが成果になることも考えられますし，「情報の収集」に役立つシミュレーションを行うプログラムを自作したり（次頁），「整理・分析」に役立つ計算用のプログラムを自作したりする例が，小学校段階から見られます。

大人が仕事をするときと同じような感覚で，児童生徒が1人1台端末の環境を活用できることが望ましいです。

（宮城教育大学　板垣翔大）

〈参考文献〉
教育再生実行会議「技術の進展に応じた教育の革新，新時代に対応した高等学校改革について（第十一次提言）」
東京学芸大こども未来研究所：http://stem.codomode.org/（Accessed 2021.04.30）

STEAM 教育・プログラミング教育

 12

1人1台端末を活用した STEAM 教育の事例にはどのようなものがありますか？

 小学校第5学年理科「ふり子のきまり」で行われた事例をみてみましょう。

「情報の収集」に役立つプログラミング

この授業では，実物のふり子を使った実験・観察に加えて，ふり子の長さ，重さ，開始角度を入力すると，その通りにふり子が動くシミュレータを児童が作成し，ふり子の運動の規則性を確かめていました。例えば，「長さ100m の場合」や「重さ100kg の場合」を確かめられる実験装置は学校にはありません。そうした問題を，プログラミングによって解決し，実物の実験装置では得られ

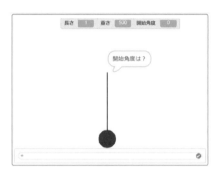

ない情報を収集できた好事例であるといえます。プログラミングは学習の対象でもありますが，習得すると，この事例のように学習の道具として役立てられるようになります。扱っている内容は Science ですが，この活用方法は，Technology や Engineering の視点です。

「整理・分析」では1人1台環境を柔軟に活用

シミュレーションの結果は，表計算ツールで整理されました。グループで行われたこの活動では，1台をプログラミングによるシミュレーション用に，1台を表計算ツールでの記録用に，1台をストップウォッチ用に，というように，1人1台端末の環境を，3人で3台使える環境と捉え，柔軟に活用していました。

表計算ツールに入力されたデータは，関数を使えばすぐに平均値などを算出することができます。計算の方法や考え方自体は Mathematics で学習済みで，それを学習に生かす際に，1人1台端末の環境を活用しています。

（宮城教育大学　板垣翔大）

〈参考文献〉

佐藤和紀，荒木貴之，板垣翔大，齋藤玲，堀田龍也（2017）「小学校理科におけるプログラミング教育の効果の分析―第5学年「ふりこのきまり」を事例として―」，『日本教育工学会研究報告集』JSET17-4，pp.115-120

Q 1人1台端末にふさわしいプログラミング教材にはどのようなものがありますか？ 13

A 持ち帰りできることやカメラがついていることに着目して教材を紹介します。

持ち帰りして自宅で学習できるプログラミング教材

1人1台なので，端末を持ち帰って自宅でプログラミングを学ぶことができます。例えば，Blockly Games (https://blockly.games/) は，迷路を進むプログラミングなどを題材に，ゲーム感覚で学習することができます。また，Code.org から提供されているツール（https://studio.code.org/）でも，同様にゲーム感覚で学習することができます。それに加えて，先生または児童生徒それぞれのロールでログインすることで，先生が児童生徒の進捗状況を管理することができる機能も備わっています。

自宅での学習は，先生がその場で見てあげることができないため，ゲーム感覚で徐々に高いレベルへ導いてくれる機能や，学習管理システムのような機能が重宝します。

カメラを使って AI プログラミングを体験

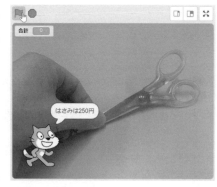

児童生徒の端末には，必ずカメラがついていますので，カメラも1人1台あるといえます。カメラを使うことで，AI の画像認識を使ったプログラミングも可能です。AI の画像認識には Teachable Machine（https://teachablemachine.withgoogle.com/）を，画像認識を取り入れたプログラミングには TM2Scratch（https://stretch3.github.io/）を使います。

右図は，人手不足のコンビニを問題解決の舞台にして，中学生が作成した疑似自動レジのプログラムです。商品に見立てたハサミやペンなどをカメラで撮影して AI に学習させておくと，カメラに写したものによって合計金額が表示される仕組みです。AI プログラミングを経験したことがない方でも授業で扱えるよう，「小・中学校の先生向け授業で教える AI プログラミング体験」という学習コース（https://sites.google.com/italab.info/aimooc）も公開されています。 （宮城教育大学　板垣翔大）

学級経営

1人1台端末が配られるとこれまでの学級経営と何が変わりますか？ 14

学級経営の基本原則を踏まえ，状況の変化に応じて条件整備を進めましょう。

学級経営の基本構造は変わらない

　学級という枠組みが変わらない状況においては，集団づくりの基本構造は変わりません。学習指導要領においては，教師と児童生徒の信頼関係及び児童生徒相互のより良い人間関係を育てるため「学級経営の充実」を求めています。つまり教室内の良好な関係性が，学級経営の充実に繋がるとの考え方を示しています。良質な関係性が，学習環境の質の向上に繋がることは，これまでもずっとわが国の学校教育が大事にしてきたことです。1人1台端末が配られるようになっても，それは新たな学習用具が増えたということなので，学級集団づくりの基本構造が変わるということはないでしょう。学級集団づくりの基本構造とは，秩序の確立と共感的な人間関係の育成です。秩序は，主に手順，しつけ，ルールからなる共通の行動様式の尊重行動から生まれます。手順とは，朝学校に来て自分の道具の置き方，宿題などの提出の仕方など学校生活におけるルーティンのことです。しつけとは，学校において返事や挨拶を含む他者とのかかわり方を含めた，自分の行動の自由度を高めるための習慣形成のことです。また，ルールとは学校生活を円滑に進めるための約束や取り決めごとです。一方で，共感的な人間関係とは，学校生活にあたたかさや潤いをもたらすものです。嬉しいことを共に喜び，悲しいことは共に悲しんだり，また，困ったことがあったら相談したりするというような相手の心情を尊重する関係性のことです。これらのことが共通理解され共有されることによって，一人ひとりの児童生徒が学びやすくなるという基本構造は変わりません。

状況の変化に伴う秩序形成が必要

　ただ，1人1台端末が配布されることでそれに伴う変化は必然的に起こります。何らかの状況によって登校しない児童生徒が端末を通じて授業や特別活動に参加するようになると，オンラインを通じて教師も他の児童生徒も当該の児童生徒とある程度の人間観関係を形成する必要があります。また，端末が鉛筆やノートと異なるのは，オンラインによって外部世界とつながる可能性が格段に広がります。これまで学級内で起こっていたトラブルが学級外，学校外との間で起こっていく可能性が高まります。そうした端末が配布される以前には起こらなかった問題に備える秩序の形成などが急がれるところです。

（上越教育大学大学院　赤坂真二）

学級経営

15

端末操作の得意不得意の児童がいる中で，
どのように集団をつくっていけばいいですか？

児童生徒に協働の価値と技法を教え，集団の教育的効果を引き出しましょう。

児童生徒が教え合うことは教育的

　これは，端末の操作に限らず，教育活動における児童生徒の意欲や能力の差を学級経営としてどう向き合うかの問題ではないでしょうか。児童生徒の協働や学び合いを大事にしている学級ならば，端末操作やアプリケーションの使い方などを教師が一人ひとり個別指導することはせず，得意な児童生徒が不得意な児童生徒に教える，伝えるということをしているのではないでしょうか。こうした教育活動をしている教師は，児童生徒で教え合った方が，教師が個別指導するよりも遥かに効率的で教育的だということを知っています。

　しかし，学級集団が育っていないところでこうした活動は成り立ちません。まず，「わかる人が困っている人に教えてあげてください」などと指示をしたところで，児童生徒が動き出さない場合があります。また，動き出したとしても，不親切な言葉や態度でかかわる場合も起こります。そうした場合には，かかわり合うことが，新たな人間関係の問題を発生させ，余計に教室の雰囲気を悪くすることが起こります。実際に集団機能が低下している教室では，困っているはずの児童生徒が教えてもらおうとしなかったり，教える側が教えてもらう側を馬鹿にするような態度が見られたりするようなことがあります。

協働に対するマイナスのマインドセットをプラスに変換する

　では，教える，伝える活動が成り立つにはどのような学級経営をすればいいのでしょうか。教える，伝えるような活動が児童生徒の学びやすさにつながるためにはいつくかの要因があります。まず，「協働の価値」の共有が必要です。学習が得意な児童生徒は，他者に教えること，そもそも他者と協力し合うことにあまり価値を見出していないことがあります。これまで1人でやってこれたからです。また，教えてもらう側も，「わからない」「助けてほしい」と援助を求めることを恥ずかしいことだととらえている場合があります。こうした協働に対するマイナスのマインドセットを，ときには活動を通して，ときには語り聞かせ，ときには児童生徒の間に見られた適切な行動を価値付け，協働には意味があるのだとプラスに転じさせていく必要があります。そうした価値の共有の一方で，適切な他者支援や援助要請の具体的なスキルを指導していくことが効果的です。　　　　　　　　　　　　　　（上越教育大学大学院　赤坂真二）

もっと使いこなすために　見方・考え方の働かせ方　情報活用能力・思考ツール　STEAM・プログラミング　学級経営　ネットワーク整備・運用・トラブル

学級経営

Q 1人1台端末を持ち帰れば，不登校や休んだ児童へのケアができると思いますが，好事例はありますか？ 16

A 試行錯誤で，端末を活用した児童生徒へのケアの取り組みを進めましょう。

もっと使い
こなすために

見方・考え方
の働かせ方

情報活用能力
・思考ツール

STEAM・
プログラミング

学級経営

ネットワーク整備
・運用・トラブル

▌オンライン授業の可能性と心配

　1人1台端末の持ち帰りにより，不登校や欠席児童生徒へのケアができると期待が高まります。大学での話ですが，オンライン授業下はもちろん，対面授業でもオンラインとのハイブリッドにしたら60名近くの受講生の欠席率がほぼ0％になりました。多少体調が悪くても自宅なら，場合によっては移動中でも視聴が可能となったわけです。学級経営での活用という面で言えば，休校措置中に「オンライン朝の会」を実施する学校もありました。時間になると教師の開設したミーティングルームに児童生徒が接続し，教師からメッセージを伝えたり，話したい児童生徒から日々の状況を話して貰ったり，ジャンケンやしりとりなどのオンラインでもできる簡単なゲームをしたりして交流を図りました。しかし，一方で家庭内の様子が映し出されてしまうオンライン授業に対して抵抗を感じた児童生徒，保護者もいなかったわけではありません。接続しても顔出しをしなかったり，接続そのものをしなかったりした児童生徒もいました。

▌「心の天気」システムの可能性

　それでも学校は，試行錯誤しながらできることを探っていくことが大切ではないでしょうか。様々な取り組みが為される中で，私は「心の天気」という実践に注目しています※1。これは児童生徒がどこにいてもオンライン環境と端末があれば実践可能です。児童生徒が端末を通じて，「はれ・くもり・あめ・かみなり」の天気マークから今の気持ちにあったものを選んで，クリックします。学級担任は，端末で入力された一人ひとりの「心の天気」を一覧することができます。この情報は，学年主任，管理職なども見ることができ，職員で共有が可能です。このシステムだと，自分の気持ちを言語化することが難しい児童生徒や端末操作が不得手な児童生徒でもワンクリックで反応を返すことができます。教師は，児童生徒の心のコンディションを短期的，長期的にデータとして把握することが可能になります。「あめ」や「かみなり」の出現頻度の高い児童生徒には個人的に連絡をとり様子を聞くことができます。なお，「心の天気」は岐阜聖徳学園大学教授の玉置崇氏の発案で開発され，全国の小中学校で採用されています。

（上越教育大学大学院　赤坂真二）

※1　玉置崇（2021）『学校を元気にする次世代学校ICTシステム活用術』授業と学び研究所

学級経営

オンラインで集団づくりや人間関係の形成はできますか？ 17

もっと使い
こなすために

見方・考え方
の働かせ方

情報活用能力
・思考ツール

STEAM・
プログラミング

学級経営

ネットワーク整備
・運用・トラブル

対面しなくても協働できる関係性を育てていきましょう。

リモートワークが教えてくれたこと

「新しい生活様式」が用語として人々に知られるようになる頃から，テレワークやオンライン飲み会などが話題となり，同時に，オンラインで人間関係ができるのかという議論がなされるようになりました。学級経営や集団づくりも，オンラインでできることとできないことを考えておく必要があるでしょう。石井（2020）は，「リモートワーク前に単なるグループだったなら，それはオフィスという場所が人々を繋いでいただけだから，リモートになればバラバラになる。チームになっていたなら，リモートシフトが起きたとしても，オンラインでも対話・協働が続けられる」と言います[1]。石井氏のこの指摘は，GIGA スクール構想を進める学校における学級経営に重要な示唆を与えているのではないでしょうか。つまり，協働ができる状況ならば，対面できなくなってもオンラインツールを使って協働は可能かもしれませんが，協働のできていない状況で対面がなされなくなると協働は難しくなると解釈できます。

これからの教育が求める人間関係

このことは対面では人間関係が形成されるが非対面ではそれが難しいという単純な話ではありません。対面で学習していても協働を体験していないと，協力的な人間関係は形成されていかない可能性があります。1人1台端末の活用により，学習における個人の問題解決能力は高まることが期待されますが，これからの教育が求めているのは個別最適な学びと共に，協働的な学びです。個に応じた学びの中でつけた力を児童生徒同士の関わりや学び合いを通して，他者と協力して問題解決をする力が求められています。オンラインでどの程度，信頼関係や人間関係ができるのかは今のところはっきりはわかりませんが，対面ができなくなった状況で人々がまず救いを求めたのが，オンラインによる交流だったことは間違いありません。オンラインでの出会いが，リアルでつながるきっかけになっていることも SNS から人間関係ができていく例から明らかです。これからはオンラインを通じて，地域や校舎にとらわれない教育活動も展開されていくことでしょう。オンラインでも児童生徒が他者とつながり協働できるだけの力をつけていく必要があるのではないでしょうか。 （上越教育大学大学院　赤坂真二）

※1　石井遼介（2020）『心理的安全生のつくりかた』日本能率協会マネジメントセンター

ネットワーク整備・運用・トラブル

 端末がネットワークにつながりません。
どのように対処したらいいですか？

18

 無線 LAN・LTE の ON/OFF，最適な無線 AP につながっているかを確認
しましょう。

▌無線 LAN や LTE 機能が OFF になっていないか確認しましょう

　ある端末だけネットワークにつながらない，そのようなときは，その端末のネットワーク設定に不具合が生じている可能性があります。落ち着いて以下の点を確認してみましょう。

①無線 LAN や LTE 機能が OFF になっていませんか？

　OS の設定画面で無線 LAN や LTE 機能が ON になっていることを確認しましょう。

　端末によっては，切り替えるスイッチが端末本体についているものもあります。わからない場合は，端末購入時に付いてきたマニュアルで確認しましょう。インターネット上の検索サイトで「端末の機種名」と「マニュアル」と入れて検索すると，ネット上にある場合もあります。

　LTE モデル（携帯電話の通信システムを利用するもの）の場合，「フライトモード」（飛行機マーク）が ON になっていると無線通信が使えなくなるので OFF にしましょう。

②電波の強い無線 LAN アクセスポイントを選んでいますか？

　充電保管庫からそのまま教室に持ってくると，充電保管庫の近くの無線 LAN アクセスポイント（無線 AP）に接続したままとなり，最も近い無線 AP に接続できていない場合があります。OS の設定画面を開き，電波強度の最も強い無線 AP につながっているかを確認しましょう。

　これらの方法で解決できない場合は，端末を再起動してみましょう。端末を再起動することでネットワーク接続に関わる設定がもとに戻ったり，最適な無線 AP に自動的に再接続されたりすることがあります。

▌公開授業では要注意！参観者の情報端末による無線 AP への干渉

　公開授業時には，参観者にスマートフォンやモバイルルータの電源を切るか，フライトモードに設定することをお願いしましょう。

　スマートフォンには自動的に近くの無線 AP をみつけて接続しようとする機能があります。また，モバイルルータは電波を常に発しているため，校内にある無線 AP のチャンネルに干渉する恐れがあります。どちらも校内ネットワークに悪影響を与える場合があり注意が必要です。

（信州大学　森下　孟）

ネットワーク整備・運用・トラブル

**ネットワークが遅くて授業になりません。
どうしたら改善できますか？**

19

各ネットワーク機器前後の通信速度を測定し，「ボトルネック」をみつけましょう。

各機器前後での通信速度の変化を測定し，ボトルネックを調べましょう

　ここで言う「ボトルネック」とはなんでしょうか。ネットワークの通信速度は道幅に例えることができます。何車線もある広い道路は，スムーズな速度で車が流れていきます。しかし，工事や事故などで道幅が狭くなってしまうと，車の流れが悪くなります。このように処理能力や容量等が低く通信速度に悪影響を与える部分を「ボトルネック」と言います。

　ネットワークを構成する以下の機器などの通信速度を，インターネット上で提供されている通信速度測定サービス（https://fast.com/）などを利用して調べましょう。

・UTM（ファイアウォールやウイルス対策などのセキュリティ全般を統合的に管理する装置）
・ルーター
・無線 LAN アクセスポイント（無線 AP）

　各機器の前後での通信速度に著しい速度低下が認められないか，ボトルネックになっていないかを一つずつ調査し通信速度の低下箇所を特定します。

　ルーターが多くの機器を接続することに対応していなかったり，無線 AP が家庭用であったりする場合があります。家庭用は10数台程度の端末接続を想定し設計されているため，学校のように数十台～数百台単位での利用に対応する性能を有していません。使用しているルータや無線 AP などの型番を調べ，それらが家庭用のものであれば，学校規模に対応し得る業務用のものに交換することで通信速度を改善できる場合があります。

　また，ネットワークケーブルの被覆がはがれたり，旧規格のものが混在していたりすると通信速度に悪影響を与えます。配線の劣化等が認められる場合は新しいものに張り替えましょう。

どうしても原因がわからない場合は，ネットワークの専門家や業者に依頼を

　ネットワークの構成は各自治体によって多様であるため，ケースバイケースの対応が求められます。ボトルネックがどうしてもみつからない場合には，教育委員会などに相談のうえ，下記のネットワーク等に関わる専門家や業者，団体を窓口に調査を依頼しましょう。

・文部科学省『ICT 活用教育アドバイザー』
・一般社団法人日本インターネットプロバイダー協会（JAIPA）　など　（信州大学　森下　孟）

ネットワーク整備・運用・トラブル

 ブロック画面が表示され YouTube のコンテンツがみられません。どうしたらいいですか？[20]

 教育委員会や学校等の情報管理者に相談しセキュリティ設定を見直しましょう。

フィルタリング機能のホワイトリストを見直しましょう

　1人1台端末時代に児童生徒が安心・安全にインターネットを利活用し，学習を行うためには，有害サイトへのアクセス禁止や標的型攻撃対策など，フィルタリング機能を用いたセキュリティ対策が必要です。しかし，有害情報対策としてがんじがらめに禁止事項を設けてしまうと，学習活動に有益で必要な Web サイトやコンテンツを利活用できなくなる場合があります。

　官公庁や教材業者による YouTube 配信や，NHK for School をはじめとするストリーミング動画配信は一般化されていますが，これらを制限している自治体や学校も見受けられます。その場合には，教育委員会や学校等の情報管理者やセキュリティ担当者に相談し，セキュリティ設定を見直しましょう。例えば，フィルタリング機能のなかにある，アクセス許可を与える Web サイトやコンテンツを設定した「ホワイトリスト」を更新します。情報管理者やセキュリティ担当者に対して利活用したい Web サイトやコンテンツの安全性を説明しホワイトリストへの登録を依頼しましょう。また，自治体のセキュリティポリシーで制限が設けられている場合には，学校長や教育委員会等を窓口にしてポリシーの見直しを求めていくことも必要です。

システムとルールの両面から家庭での安全な端末利用を実現しましょう

　端末を家庭に持ち帰るため，家庭でのセキュリティ対策について保護者の協力が必要です。
・学校では校内のセキュリティ機能に守られますが，家庭では各家庭のセキュリティ設定に依存します。家庭でのセキュリティ対策に関わるお便りを配布し，各家庭でルールを決めたり，フィルタリングなどのセキュリティ設定の有無を定期的に確認してもらったりしましょう。
・専門家による講習会を開催し，情報モラル教育の大切さを理解してもらいましょう。一般社団法人マルチメディア振興センター『e-ネットキャラバン』などに講師依頼ができます。
・システムで一元管理することも可能ですが，学校生活や家庭学習をより良くするための端末であることを児童生徒が理解し，学校や学級，家庭で話し合って決めたルールを守って適切に利活用するよう指導することが大切です。児童生徒の情報活用能力を育成し，自ら情報を精査して安全にインターネットを利活用できるスキルを身につけさせましょう。

（信州大学　森下　孟）

ネットワーク整備・運用・トラブル

家庭等でのオンライン授業を実施するため，どのような²¹点に気をつけたらいいですか？

オンライン授業は一朝一夕にできるものではありません。事前準備を行うとともに定期的にオンライン活動に慣れておくことが大事です。

十分に余裕を持った通信帯域を確保しましょう

オンライン授業では，高速で安定したネットワークが欠かせません。文部科学省『GIGA スクール構想の実現 標準仕様書』によると，テレビ会議を用いた遠隔授業の実施には，1台あたり2Mbps の帯域が必要とされています。35人学級でテレビ会議を利用する場合，1学級あたり2Mbps ×35台＝70Mbps の帯域が必要です。端末は起動しているだけで様々なアプリケーションや OS がインターネットと通信するため，複数教室で端末を同時利用することも考慮すると，学校全体のネットワーク構成は1Gbps 以上に対応していることが望ましいでしょう。

学校と家庭をつなぐオンライン授業の場合，児童生徒の家庭のネットワーク環境を把握する必要があります。特に携帯電話やスマートフォンを利用してインターネットに接続している家庭の場合には，データ通信量の上限がないかが気になります。テレビ会議を用いた遠隔授業を45分間受けた場合，必要になるデータ通信量は約0.7GB です。これを1日4授業，月20日間実施したとすると，1か月間で50〜60GB のデータ通信量が必要となります。

「十分な帯域が確保できない」「データ通信量をできるだけ抑えたい」場合は，映像を停止し音声のみでやり取りすることも手立てのひとつです。とかく映像が重視されがちなオンライン授業ですが，安定的な接続を維持するためには画質よりも音質を優先し，双方向でのやり取りが途絶えないよう努めることが重要です。そのためには，データ通信量が少なく済むテキストチャットや，[いいね] ボタンなどの意思表示に便利な反応機能等も活用すると良いでしょう。

オンライン授業で多様な学びを実現しましょう

オンライン授業は，臨時休校時の児童生徒の学びを保障するためだけのものではありません。遠く離れた地域の児童生徒同士をつなぎ，多様な意見を出し合うことで学びを深められます。また，大学や企業等の専門家とつながり，児童生徒の個々の理解状況に応じて専門的な知識や技能を身につけられます。文部科学省『遠隔教育システム活用ガイドブック』では，多様な授業形態や端末状況に応じた遠隔教育を紹介しています。1人1台端末時代では，教師はひとりとは限りません。狭い教室の枠を越え，児童生徒の「学びたい」を叶えるツールにしましょう。

（信州大学　森下　孟）

もっと使い
こなすために

見方・考え方
の働かせ方

情報活用能力
・思考ツール

STEAM・
プログラミング

学級経営

ネットワーク整備
・運用・トラブル

おわりに

　我が国の初等中等教育でのコンピュータ活用は，1970年代頃まで遡ることができます。また，ICT という語が用いられるようになり，教育内容として本格的に教育課程に位置づけられてから約20年が経過しています。しかし，この間学校現場における ICT 環境は決して十分なものではありませんでした。また，これまで ICT といえば，電子黒板や実物投影機に代表されるように，活用の主体は教師でした。それが，GIGA スクール構想によって，学校現場の ICT 環境は劇的に変化し，活用の主体が児童生徒へと移行しました。教育の情報化を推進する関係者が長年望んできた1人1台端末の環境が遂に実現することとなったのです。以下では，本書でカバーしきれなかった導入期のポイントと活用期のポイントについて解説します。

▌ 導入期のポイント

　1人1台端末が導入されたからといって，いきなり活用が進むわけではありません。何から始めればいいの？　どうやって活用すればいいの？　という声が多く聞かれます。無理もありません。多くの教師は，これまで自分が1人1台端末を活用した授業を受けた経験もなければ，授業を実施したこともないと思います。授業のイメージがもてないので端末の活用を躊躇してしまうかもしれません。試行錯誤の日々が続くことでしょう。そして，試行錯誤に失敗はつきものです。この失敗にどの程度寛容でいられるかが，導入期のポイントではないかと思います。

　経済学の用語に「Ｊカーブ効果」といわれるものがあります。これは，時間の経過と共に効果や効率は高まっていくわけではなく，操作に慣れるまでの期間は一時的に効果や効率が落ち，その時期を乗り越えると上昇カーブを描くというものです。端末の導入初期は，教師も児童生徒も操作に戸惑うことでしょう。児童生徒のキーボード入力が遅く，授業が捗らないことも考えられます。学習のねらいに迫る活用ができないかもしれません。こうした失敗や戸惑いはＪカーブ効果から考えるとある意味当然なのです。

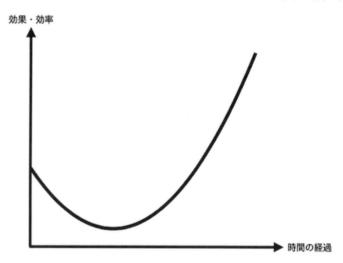

　ところが，この時期に「教科の学びを深める活用になっているの？」「端末を効果的に活用できているの？」と自分自身に問いかけてしまう，または同僚教師に投げかけてしまう姿を見かけます。これでは教師も児童生

徒も苦しくなるばかりです。

　リコーダーを例に考えてみます。リコーダーを初めて学習する際は，音の出し方を１音ずつ指導し，子どもたちは何度も練習を重ねます。いきなりリコーダーできれいな音を求めたり，演奏会をしたりしないはずです。失敗も含め，そのうち上手になると考えるのではないでしょうか。ぜひ，端末の活用においても同じように考えてほしいと思います。Ｊカーブ効果の下降は最初にやってきます。この時期にいかに踏ん張ることができるかが重要なポイントなのです。

▌ 活用期のポイント

　教師も児童生徒も端末の活用に慣れてくると，日常的に活用するようになってきます。端末に対する特別感はなくなり，文具の一つとして機能するようになるでしょう。活用期は児童生徒がどの程度使えるかによって支援の仕方を変化させていくことがポイントです。

　マラソンの伴走を例に考えてみます。端末の活用に慣れたとはいえ，児童生徒の操作や使い方にまだ支援が必要な段階は教師が児童生徒の前を走り，進むべき道を示してあげるとよいでしょう。児童生徒は教師についていくイメージです。そして，少しずつ児童生徒に任せる部分を増やしていきます。端末の操作だけではなく，どのツールを使えば良いか，どの場面で使えば良いかも児童生徒が選択できるようにすると良いでしょう。このとき，教師は後ろを走る感じで児童生徒の活用を見守ります。時には児童生徒が道を間違えることがあります。そんなときは，すぐ後ろを走っている教師が後方から声をかけ，正しい道に戻してあげます。最終的には，児童生徒だけで端末を活用できるようにします。この段階では，もはや教師の伴走は不要となります。必要なときだけ支援をする形が良いでしょう。

　児童生徒が自分一人でも端末を活用できるようになることが理想です。ツールや活用場面を適切に判断できるようになれば，さらに主体的な活用へとつながるでしょう。家庭では教師の支援はありません。端末の持ち帰りを有効に機能させるためにも，自立的に活用できるようにしておくことをお勧めします。

　上記のポイント以外にも，本書には教師，管理職，教育行政関係者，研究者といったそれぞれの立場から考えるポイントを数多く掲載しました。本書が１人１台端末活用のヒントになりましたら幸いです。

　最後になりますが，GIGA 元年といわれる2021年に本書を世に出すことができ編者として嬉しく思います。本書の出版にあたり，明治図書出版の大江文武氏には多大なるご協力をいただきました。ここに記して感謝申し上げます。

2021年８月

三井　一希

【執筆者一覧】（執筆順）

佐藤　和紀	信州大学教育学部　助教
三井　一希	常葉大学教育学部　講師
堀田　龍也	東北大学大学院情報科学研究科　教授
長井　　寛	教育フリーライター（巻頭鼎談編集・執筆）
中川　　哲	株式会社 EdLog 代表取締役社長
	文部科学省初等中等教育局　視学委員
望月　覚子	愛知県春日井市立出川小学校　教諭（2021年3月時点）
福井　美有	愛知県春日井市立出川小学校　教諭
古屋　達朗	山梨県総合教育センター　指導主事
石原　浩一	愛知県春日井市立松原小学校　教諭
浅井　公太	静岡県静岡市立南部小学校　教諭
棚橋　俊介	静岡県焼津市立豊田小学校　教諭
久川　慶貴	愛知県春日井市立藤山台小学校　教諭
片山　　賢	埼玉県さいたま市立蓮沼小学校　教諭
吉田　康祐	静岡県静岡市立横内小学校　教諭
稲木健太郎	栃木県壬生町立睦小学校　教諭
青柳　咲紀	静岡県袋井市立袋井北小学校　教諭
大久保紀一朗	島根県雲南市立木次小学校　教諭
二川　佳祐	東京都練馬区立石神井台小学校　主任教諭
杉山　礼美	東京都福生市立福生第二小学校　教諭
小池　翔太	東京学芸大学附属小金井小学校　教諭
髙木　裕之	静岡大学教育学部附属浜松小学校　教諭（2021年3月時点）
小川　　晋	愛知県春日井市立高森台中学校　教諭
本田　智弘	愛知県春日井市立中部中学校　教諭
北原　大介	長野県須坂市立東中学校　教諭
山﨑　寛山	新潟県三条市立大島中学校　教諭
児玉　太平	長野県屋代高等学校附属中学校　教諭
楜澤　孝樹	長野県軽井沢町立軽井沢中学校　教諭
栁沼　直人	千葉県船橋市立古和釜中学校　教諭
水谷　年孝	愛知県春日井市立高森台中学校　校長
仲渡　隆真	愛知県春日井市立出川小学校　教頭
松坂　真吾	長野県教育委員会学びの改革支援課　指導主事
望月　　健	山梨県南アルプス市立落合小学校　教諭
堀田　雄大	文部科学省初等中等教育局教育課程課
	教育課程企画室　審議・調整係　GIGA StuDX 推進チーム
高橋　　純	東京学芸大学教育学部　准教授
泰山　　裕	鳴門教育大学大学院学校教育研究科　准教授
板垣　翔大	宮城教育大学教育学部　専任講師
赤坂　真二	上越教育大学大学院学校教育研究科　教授
森下　　孟	信州大学教育学部　准教授

【編著者紹介】

佐藤　和紀（さとう　かずのり）
1980年長野県生まれ。東北大学大学院情報科学研究科修了，博士（情報科学）。東京都公立小学校教諭等を経て，2020年4月より現職。専門分野は教育工学，情報教育，ICT活用授業。文部科学省「GIGAスクール構想に基づく1人1台端末の円滑な利活用に関する調査協力者会議」委員など。

三井　一希（みつい　かずき）
1982年山梨県生まれ。熊本大学大学院教授システム学専攻博士前期課程修了。山梨県公立小学校教諭を経て，現在，常葉大学教育学部・専任講師。専門分野は教育工学（特に，ICTを活用した授業デザインや教員研修）。文部科学省ICT活用教育アドバイザー，熊本大学教授システム学研究センター連携研究員など。

〈執筆協力〉
信州大学教育学部　佐藤和紀研究室（手塚和佳奈，若月陸央）
常葉大学教育学部　三井一希研究室（南條優，野末朱咲）

GIGAのつまずきに徹底対応！
1人1台端末活用パーフェクトQ&A

2021年9月初版第1刷刊
2022年4月初版第4刷刊　©編著者　佐　藤　和　紀
　　　　　　　　　　　　　　　　三　井　一　希
発行者　藤　原　光　政
発行所　明治図書出版株式会社
http://www.meijitosho.co.jp
（企画）大江文武（校正）大江文武・森島暢哉
〒114-0023　東京都北区滝野川7-46-1
振替00160-5-151318　電話03(5907)6702
ご注文窓口　電話03(5907)6668
＊検印省略　組版所　藤　原　印　刷　株　式　会　社

Printed in Japan　ISBN978-4-18-299814-0
もれなくクーポンがもらえる！読者アンケートはこちらから